売上を追わずに結果を出す

リーダーが見つけた20の法則

株式会社ファイブベイCHO
加藤芳久

かんき出版

はじめに

皆さんは、学校で「リーダー学」を学んだことがありますか？

ほとんどの方は、社会に出て必要に迫られ、独学されているのではないでしょうか。

それでは、うまくいかなくても当たり前。そんなリーダーの苦労を少しでも軽減したくて、私は自分なりのリーダー学を構築することにしました。

私は経営コンサルタントとして今まで２００社以上の企業で研修・コンサルティングを行い、さまざまなリーダーに出会ってきました。そして彼らの行動や言動を分析し、**優れたリーダーに共通する法則を発見した**のです。

今回はその中から、最も重要な20の法則をご紹介します。そこからリーダーが何をすべきかが見えてくるでしょう。

まず、多くの優れたリーダーに共通しているのは「シェアリングリーダー」である**という点**です。

シェアリングリーダーは想いを共有し、チームで起きたことすべて、チームのメンバーの感情すべてを共有するリーダーのことです。すべてをシェアリングして人間関係がよくなれば、売上を追わなくても結果を出せるチームになります。

また、リーダーの一番の悩みのタネである人財育成にも有効です。

チームや部下の目標を設定して、週に一度は１on１ミーティングをして部下のモチベーションを上げて、丁寧に根気よく指導をして……そのように散々苦労をしても、あまりいい結果を得られないリーダーは多いと思います。

もし、売上が低迷していて危機感を抱いているのなら、なおさらシェアリングをしてチームの絆を強くすることをおススメします。

本書では、売上アップの方法や数値目標の立て方などについては、一切お話ししません。一見、ぬるいように思えるかもしれませんが、すべてを分かち合えるチームにすることで、必ず数字はついてきます。

数字は追うものではなく、チームの後から追いかけてくるものなのです。

私が人財育成に携わるようになってから約18年になります。

その間に担当してきたのは日本ハムグループや三井ホーム、日本郵政、アウトバック（ステーキ専門店）など、大企業からベンチャー企業までさまざまです。

珍しいところでは、洋上研修の講師も務めてきました。

これは9日間かけて大型客船でアジアの国を回りながら、船内で研修を行うものです。いろいろな企業から幹部候補生やリーダー層が派遣されて参加します。多いときで200人ぐらいです。

船内で研修するのは、わずか4日ぐらいです。私のクラスはその短期間で一気に親密になり、船から降りる日は別れを惜しんで、みんなで肩を組んで涙を流したこともありました。私もデッキで胴上げされるなど、事務局も毎回驚くぐらいに盛り上がります。

ある年、洋上研修に30代後半の男性が参加しました。

彼は会社に言われて強制的に参加させられていたのか、初日から苛立ちを隠そうともしていませんでした。研修が始まっても最初は隅っこで腕組みをして、「オレ、全然興味ないから」オーラを全開にしていました。

そんな彼も研修が終わり、船から降りる頃には別人のようになりました。

まるで憑《つ》き物が落ちたかのようにスッキリした表情になり、「今回の研修で自分の価値観がすっかり変わりました。最初はふてぶてしい態度をとったり、偉そうなことを言って本当に申し訳ありませんでした」と事務局に深々と頭を下げて去っていったそうです。事務局は「彼がこの数日でこんなに変わるなんて、奇跡ですね」と感動していました。

その男性は、本書で紹介する数々のセッションを受けて生まれ変わりました。

本書で紹介するセッションは即効性があり、どんな人の心も開かせる力があることは実証済みです。

チーム全員が涙を流すようなセッションもあれば、上司と部下との間にできている壁を一瞬で崩すようなセッションもあります。どんな人でも、今まで職場で見せてこなかった素顔を見せるようになります。

そうなったとき、チームは強い絆で結ばれ心のよりどころとなり、「このチームのために働きたい」とスイッチが入ります。それが自走する原動力になるのです。

そして自走するチームになれば、面白いくらいの成果が次々に生まれます。

離職率が3年でゼロになった企業もありますし、**売上が過去最高になった**企業も、**顧客満足度がアップした**企業もあります。

シェアリングリーダーはチームも企業も、そしてきっとリーダー自身も救うでしょう。今まで何をやっても効果のなかったチームでも、一人ひとりが仕事にやりがいを見出して、リーダーが見守るだけで成長していきます。リーダーはもう人財育成で悩まなくても、苦しまなくてもいいのです。

そのためには、まず結果や成果に着目し、原因を考えて改善していく習慣をやめてください。本書で提唱する4つの質を順番に見直すだけで、チームは劇的に変わり、いずれ成果がついてきます。

「リーダーになってよかった」

皆さんがそう思えるようになるために、本書が新しいリーダー学の一冊となることを祈っております。

2023年5月

加藤　芳久

第2章 「関係の質」がよくなるための法則

第3章 「思考の質」を高める法則

第4章 「行動の質」をパワーアップする法則

CONTENTS

第5章 次のサイクルにつなげる「結果の質」

編集協力◎大畠 利恵
カバーデザイン◎西垂水 敦（krran）
カバーイラスト◎佐久間 茜
本文デザイン・図版・イラスト◎齋藤 稔（株式会社ジーラム）／齋藤維吹

第1章

シェアリングリーダーの最強の武器
～成功のサイクル

0 ぐいぐい引っ張るリーダーはもういらない

「シェアリングリーダー」と言っても、リーダーをみんなで共有するという意味ではありません。

シェアリングリーダーは、「想い」をみんなと共有するリーダーです。「想い」ではイメージしづらいなら、「感情」ととらえるとわかりやすいかもしれません。

私はこれまで多くの会社で研修をしてきましたが、その間に離職率は激減しました。それは社員が「このチーム（組織）でずっと働きたい」と思えるようになったからに他なりません。

グループとチームは違うという話があります。

グループは一つの集団にはなっているけれども、「僕はこれをやりたい」「私はこっちをやりたい」と目的がバラバラの人たちの集まりです。

チームは一つの目標に向かって、みんなのベクトルがそろっている集団です。ゴールに向かって、みんなの想いが一つになっている集団。チームワークという言葉もあるように、互いに助け合って結束力を高めていくのはチームのほうです。

皆さんは、どちらの集団を目指したいですか？

私は研修でも、「チーム」という呼び方にこだわっています。「『うちの班』とか、『うちのグループ』を主語にするのではなく、チームと言ってください」と繰り返し伝えているぐらいです。

日本ハムでは、「日本ハムグループは、グループじゃない。チームだ。」というキャッチコピーができて、ＣＭで使われていた時期もあります。

それぐらい、チームであることは大事です。

ただし、最初はどんなチームもグループから始まるのだと思います。最初は一つのプロジェクトを行うために、または一つの部署に集められたメンバーにすぎません。

それをチームにしていくのがリーダーです。

チームにするためにはリーダーが遠くから「こっちに来て！」と強制しても、なかなか集まって来ないでしょう。リーダーからみんなの輪に入っていき、「この指とまれ」

と指を掲げて、みんなが自然と指に止まったときにチームができていきます。

リーダーがみんなの輪に入るカギになるのが「シェアリング（共有）」です。

私は、誰でもリーダーになれる、と考えています。

同時に、みんななれるし、みんななれないとも言えます。禅問答のようですが、本人にその意思があるならリーダーになれますし、リーダーシップはいくらでも鍛えられるものです。リーダーに才能は必要ないと断言できます。

私が多くの企業で研修を行ってきて実感しているのは、一人でぐいぐい引っ張っていくリーダーでは限界があるという点です。

リーダーも一人ではチームを背負いきれませんし、現場もそういうリーダーは求めていません。**現場が求めているのは自分に寄り添ってくれるようなリーダーです。**

チームのみんなに関心を持ち、共感し、悩みを一緒に考えるリーダーになら、みんなは心を開いてくれます。それも部下の悩みだけではなく、**リーダーの悩みも共有すると信頼関係はより深まります。**

だからシェアリングリーダーこそ、これからの時代の新しいリーダー像なのです。

重大な問題が起きたら、深夜のオフィスで一人悩むのが今までのリーダー像でした。

リーダーは弱みを見せたらいけないと考えられていましたが、私はどんどん見せるべきだと思います。

図1－0　グループをチームに変えよう

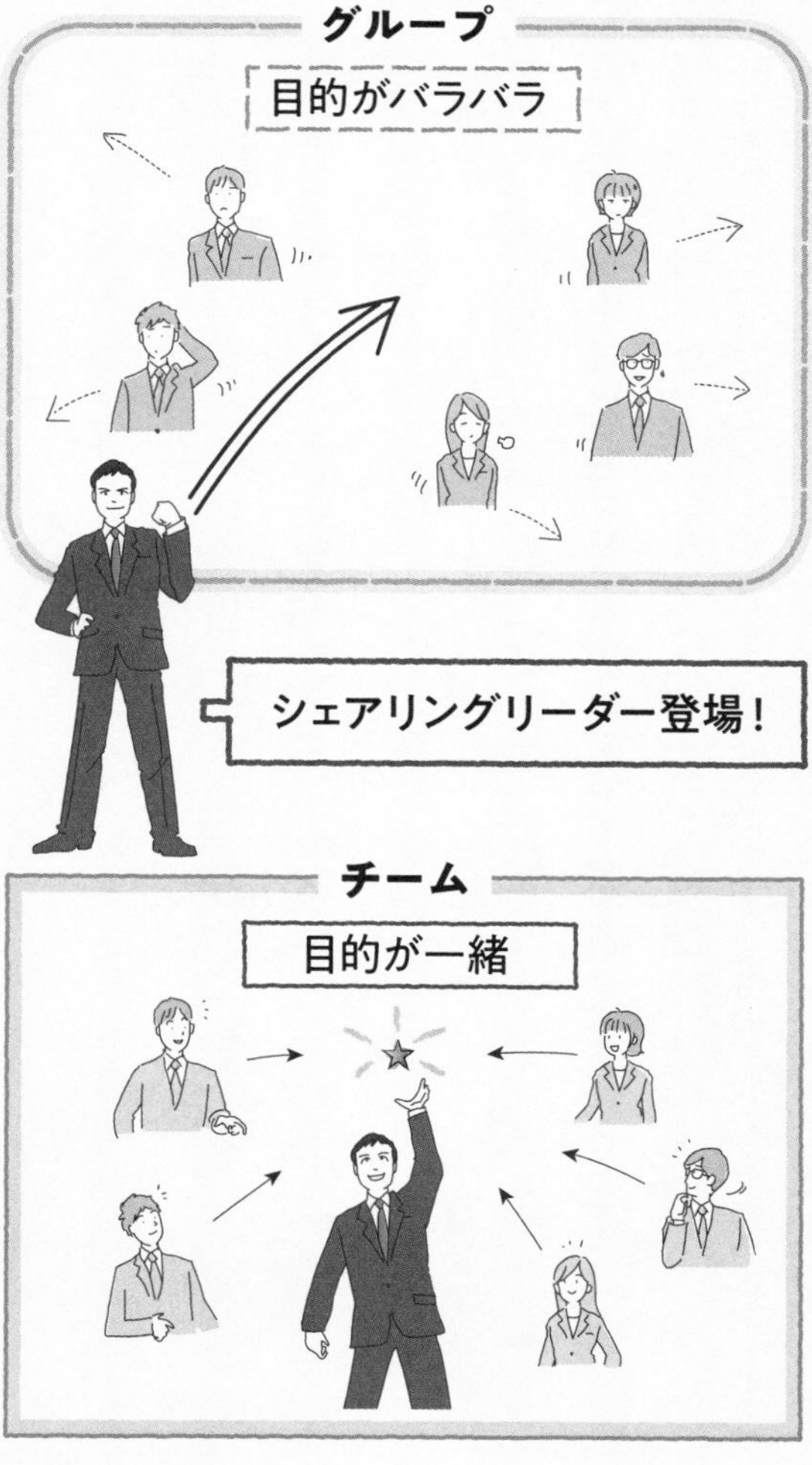

リーダーだって悩みます。

リーダーだって不安になります。

リーダーだって失敗します。

そのような姿を周りに見せると、「リーダーも自分と同じで悩んでいるんだな」とみんなは共感し、サポートしようと考えるでしょう。それが、ベクトルが一つになっていくプロセスでもあります。

「弱みを見せたほうがいい」と言われても、「部下に軽く見られるのでは？」と懸念する方もいらっしゃるかもしれません。安心してください。その心配は無用です。

むしろ、部下が悩みを打ち明けやすいチームにするために必要なことなのです。

今の若者は、あなたが想像している以上に人の顔色を窺い、気を遣っています。

そんな若者にとって、リーダーは雲の上の存在のようなもの。リーダーが忙しそうにしているだけで、「聞きたいことがあるんだけど、やめとこう」としり込みしてしまいます。

ですので、いつでも気軽に話しかけられるような、頼れる親戚のようなリーダーだと心を開きやすくなります。

頼れる親戚と言っても、なあなあな関係になればいいというわけではありません。

また、寄り添うと言っても過保護になったら部下に依存心が生まれます。

そこはリーダーが理念や信念を持って仕事に取り組んでいれば、なれあいにならず、適切な距離感が生まれると思います。


昭和の父親は「黙って俺の言うことを聞け！」という態度でも家族はついてきてくれましたが、平成・令和は家事も子育ても、家庭の悩みも夫婦でシェアリングするようになりました。もし、「俺の言うとおりにすればいいんだ」という父親だと、家族は誰もついていかないでしょう。


リーダーも同じです。

もはやリーダーに威厳など必要ありません。

人の上に立つのではなく、人の横に立つのがこれからの時代のリーダーではないでしょうか。上から目線ではなく、横から目線の時代です。

みんなに指示命令するのではなく、みんなと一緒に歩み、時にはみんなの背後から支えるのが、本書で提案するシェアリングリーダーです。

1 「想い」を共有するチームは強い

以前、フィンランドのドキュメンタリー番組『なぜ仕事がツラいのか　燃え尽き症候群を生むシステム』をたまたま観ていたら、興味深いデータが紹介されていました。

世界の主要国で仕事にやる気のある人、やる気のない人、大いに不満のある人の割合をリサーチしたところ、大体は20％、60％、20％の分布でした。どこの国もやる気のある人はそれほど多くないということです。

やる気のある人の割合が最も高いのはアメリカで30％ぐらい、次がブラジルです。

意外にも、スウェーデン、ドイツ、イギリス、フランスはやる気のある人は10～20％でした。やる気のない人の割合も高いので、生産性の高い国でも仕事へのモチベーションが高いわけではないことがわかります。

衝撃的なのは、日本の結果です。なんと、やる気のある人が10％にも満たない、とされていました。他のどの国よりもやる気のある人の割合が低く、そのうえ、大いに不満のある人は20％強でした。

日本では残業を厭わず、休暇も少なく、給料が30年間も上がらなくても、みなサラリーマンを続けています。それにもかかわらず、やる気がなく不満を持っている人が圧倒的に多いという悲しい現実が現れていました。

あなたの部下も、一見やる気があるように見えても、実はやる気はしぼんでいるかもしれません。

会社という場では、誰でもなんらかの仮面を身に着けています。

「うちのチームの雰囲気は最悪だ」

もし、そう悩んでいるリーダーがいるなら、私は「みんなで感情を共有してください」とアドバイスします。

組織のマネジメントは「情報共有」が大事だと言われてきました。私は、これからの組織マネジメントで重要になるのは「感情共有」だと考えています。

喜びも悲しみも嬉しさも不安も、すべてチームのみんなで共有することで、強くていいチームになっていきます。

自分が不安に感じていることをみんなに打ち明けると、「自分も不安でいっぱいなんだ」とみんなも自分の想いを吐露するかもしれません。すると、「自分だけではないんだ」と安心感が生まれ、連帯感も生まれます。

とくに恥ずかしい思いをした体験ほど、みんなに話して笑い飛ばせれば、その恥ずかしさを乗り越えられます。

だから、私は会議で「ぶっちゃけミーティング」という時間をつくるときもあります。「今日は腹を割って話そう」と前置きして、何でもいいからぶっちゃけたいことを順番に話していきます。

「実は、昔アイドルの追っかけをしていました」「昨日の会議で爆睡しちゃいました」などなど、意外な素顔が見られたり、笑っちゃうようなドジ、深刻なトラブルを打ち明ける人もいます。

ぶっちゃけた後は、みんなで「ナイスぶっちゃけ！」と称賛します。

たったこれだけのことでも、チームの関係は一気に親密になります。

図1－1　「想い」をメンバーと共有しよう

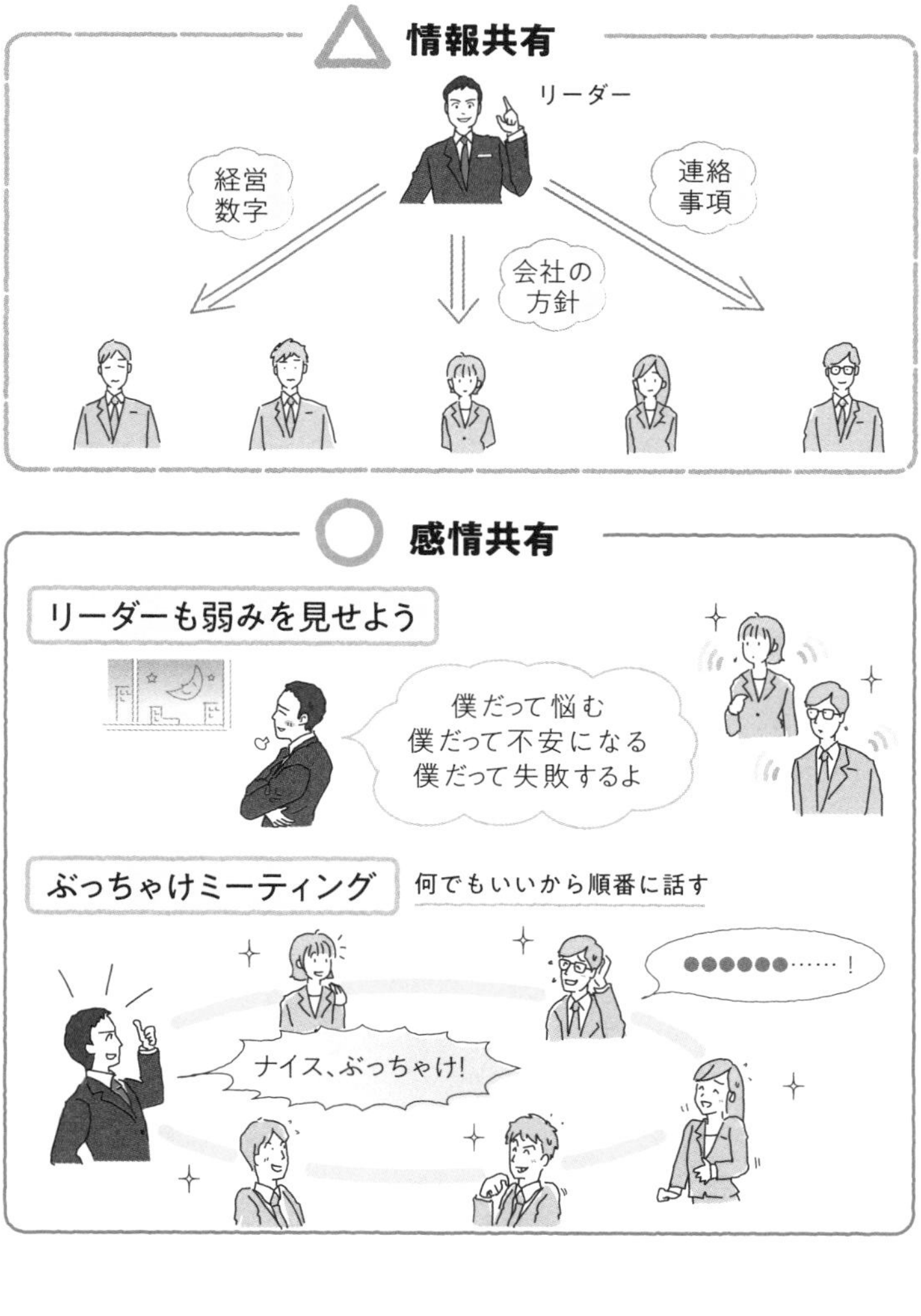
△ 情報共有
リーダー
経営
数字
連絡
事項
会社の
方針
○ 感情共有
リーダーも弱みを見せよう
僕だって悩む
僕だって不安になる
僕だって失敗するよ
ぶっちゃけミーティング
何でもいいから順番に話す
●●●●●●……！
ナイス、ぶっちゃけ！

今はテレワークの職場が増えました。オンラインのやりとりは基本的にすべて記録に残るので、気軽に雑談できる雰囲気はありません。

だからこそ、「その場限りの会話」が大切です。記録はされずに記憶にしか残らないちょっとしたやりとりが距離感を縮めるでしょう。

私は「**リーダーは『嫌われ役』は演じても、『嫌われ者』にはなるな**」と考えています。仕事に厳しさを求めても、相手の人格を否定するような厳しさは論外です。たとえ人間的には好きになれなくても、同じ職場で仕事をしてくれていることに感謝して、相手を受け入れる必要があります。

そのための第一歩が、相手を知ることです。

明るくていつも冗談ばかり言っている人が、実はプライベートでは問題を抱えているかもしれません。

それでも「仕事をしていれば問題ない」と考えるのは、悲しすぎませんか？　もしかしたら、相手はSOS信号を出しているかもしれないのです。

みんなが少しの間でも仮面を外す場をつくることができるようになれば、それがチームを救うことになると私は思います。

さらに、チームの関係がよくなれば仕事のモチベーションが上がり、生産性もアップします。

冒頭の調査で、日本でやる気のある人が少ないのは、やる気を起こさせないチームだからかもしれません。

ですので、仲の悪いチームほど、本書でご紹介する方法を実践していただきたいと思います。

「みんなギスギスしていて、感情の共有なんてしたがるわけない」と思っている方こそ、ぜひ試してみてください。意外にも、みんなは次々と仮面を外していくかもしれません。

今まで仮面の外し方がわからなかったか、仮面を外したらいけないと思っていただけで、**本当は素の自分を出して、みんなにも知ってほしい**と心のどこかで思っているかもしれないのです。そういう場合は、きっかけをつくれば自分の想いを語るようになります。

そして、リーダーは自ら仮面を外しましょう。そうすれば、みんなも自然と仮面を外したくなります。

2 シェアリングリーダーになる5つの条件

私は、「幸せの灯《ともしび》は分け放題」だと、いつも研修で伝えています。

ろうそくの灯は、ほかのろうそくに灯を移しても減りません。何本分け与えても、元々のろうそくの灯は減らない。だから灯は分け放題です。

幸せも、分け与えても減りませんし、むしろ与えるたびに増えていきます。

人に喜びを与えてもらえたら、人は優しくなれます。家に帰ったら家族に優しくできるでしょうし、優しくしてもらった家族は、友人や知人に優しくします。そして、優しくした人はみんなの喜ぶ姿を見て幸せになれる。

そうやって幸せが連鎖していけば、世の中はもっと明るく元気になるはずです。

「喜ばれるを喜びに」が私のモットーで、人に喜んでもらえたら自分のことのように喜べる人でありたいと考えています。

シェアリングリーダーは灯を分け合う人です。喜びをみんなに分け与えて、希望をみんなで分かち合うようなリーダーになれば、チームの一体感が生まれて真のやる気に満ち溢れていきます。シェアリングリーダーになるには、次のような条件があります。

①自ら率先する

私は、リーダーとは「周囲によい影響を与えて変革に導く人」だと定義づけています。よい影響を与えるためには、リーダー自ら率先して行動するのが基本です。

たとえば、私は研修の会場には朝早く行き、会場のセッティングをしています。部下にセッティングを任せて、自分はギリギリになって会場入りして研修を始めても、誰も文句は言わないでしょう。それでも、「そういうリーダーの姿を見て、尊敬できるだろうか？」と考えたとき、私は自分を甘やかさないほうを選びます。

②部下を信じる

これはリーダーと部下の関係に限らずですが、自分から相手を信じないと、相手から信じてもらえません。どんなに相性の悪い部下であっても、まず信じてみると、部下も自分を信じて動いてくれる可能性があります。

部下が動いてくれないなら、自分の信じ方が足りないのかもしれません。そう思って、部下を信じ続けましょう。

③裏表をつくらない

これは重要なポイントです。

「君を信頼しているから任せるんだ」と言いつつ、小さなことまで指示を出し、指示通りにやらなかったら「なんで言われたとおりにやらないの？」と小言を言うようなリーダーだと、部下も「信頼してくれてるんじゃないんだな」と気づきます。

心の中と言動が違う場合、うまく隠しているつもりでも、言葉の端々に、ちょっとした態度に現れます。ですので、誤魔化さずに思っていることは正直に伝えるのが、信頼関係を築く第一歩です。

④人の価値観を尊重する

相手の価値観を尊重するためには、まず相手の価値観を知るところから始めなくて

図1－2　シェアリングリーダーになる5つの条件

はなりません。そのための方法も本書ではご紹介します。

大事なのは、相手がどんな価値観を持っていても、否定しないこと。違いは違いであって「間違い」ではないのです。金子みすゞの「みんなちがって、みんないい」のように、自分と違っていても受け入れるところから、絆は築かれていきます。

⑤部下の失敗を喜べる

よく言われることではありますが、失敗こそ人を成長させます。

ですので、失敗こそ大チャンス。

部下が失敗したとしても「なぜ失敗するんだ!」と非難するのではなく、「みんなで解決できたから、ボヤで済んだね。これを放っといたら大火事、山火事になってたよ。みんなで学べるいい機会になったね」と受け入れれば、お互い様とお陰様の精神がチームに育っていきます。

リーダーは部下の恐れを取り除くのが役割で、恐れを植え付けてはいけません。

たとえ大火事になったとしても「ナイスチャレンジ」と励まし合えれば、次からも恐れずに挑戦し続けるでしょう。

3 人は数字だけでは、動かない

今は何もかもがオンラインで点数評価されるようになりました。

アマゾンで買い物する際は5つ星で評価し、レストランで食事をしたら食べログで、ホテルに泊まったらホテルの口コミサイトで、宅配便を利用しても口コミサイトで格付けするのが普通です。

その評価は企業や店舗の評判につながり、業績も左右するので、現場の社員たちは今まで以上のサービスを強いられて疲弊しています。

そこでリーダーはやる気を出してもらうためにPDCAサイクルを回そうとか、KPI（重要業績評価指標）で数値管理をして行動してもらおうとします。

数値目標で管理するとたいてい長続きしません。目標の数字を達成したら、次はもう少し高めの数字にして、次はさらに高めの数字にして……という繰り返しだと、仕事がキツくなっていくばかりです。いずれ成長は頭打ちになります。

とくにＫＰＩで管理すると、それ以上の仕事をしなくなります。業務の目標を数値で表して、どの程度まで達成できているのかを評価する指標ではありますが、私はＫＰＩとは「やらされ感製造機」だと思っています。

なかには、「ＫＰＩ、ＫＰＩ」と社員がやたらと口にしている企業もあります。確かにそういう企業では社員のパフォーマンスは悪くはありません。

ただ、目標を達成できればそれでよしとなり、それ以上の業務をしようとはしなくなるでしょう。評価される仕事だけをして、評価されない仕事をしなくなるのは人の常です。

ＫＰＩがあると自分の数値目標を達成するのが絶対となり、チームの他のメンバーが困っていても興味はなくなります。それどころか、クライアントやお客様の喜びや満足を置き去りにしがちです。

そのような企業の未来はどうなるでしょうか？

短期的には劇的に業績をアップできるかもしれません。しかし、ゆくゆくは社員が数字に追われて疲れ果てて、クライアントや顧客も離れていく未来が見えます。

誰でも、嫌々やっている仕事は80点で怒られないギリギリを狙うものです。**やりたい仕事だったら100点でゴールしても、「もっとやりたい」と110点や120点を目指します。**ＫＰＩで数値の限界を設けないからこそ、人は想像を超えて羽ばたけます。

皆さんは、どちらを目指すチームにしたいでしょうか？

氷山の一角という言葉があります。

皆さんもご存じかもしれませんが、南極や北極に浮かぶ氷山は海面に出ている部分は10％ぐらいで、残り90％は海の中にあります。

この氷山モデルは、顕在意識、潜在意識（無意識）の説明で使われることが多いのですが、**私は組織論に置き換えて氷山モデルを使っています。**

氷山全体が社員の行動すべてを表すとします。そのうち、主体的な行動ができているのは目に見える10％です。

私は、目に見えない90％の部分こそ大事だと考えています。

部下がやりがいや成長をしっかりと感じられること。そして、その会社で仲間と一緒に働ける喜びを感じられるようなチームワークや関係性があること。

そのような喜びやワクワク感が生まれるとモチベーションが高まり、海に沈んでいる氷山が浮上して主体的な行動が増えていきます。

そのやりがいや成長実感、チームワークが生まれる根底にあるのは、企業の理念です。

人はただがむしゃらに働くだけでは働く喜びを感じられません。企業が大切にしている価値観や世の中に貢献しようとする使命に共感し、自分もそれを実現するための一員なのだと自覚したら、働く意義を感じるようになります。

自分のために頑張ったことが会社のためになり、会社のために頑張ったことが世の中のためになり、お客様のためになる。**私はこれを「ための一致」と呼んでいます。**

「ための一致」が起きたとき、数字に管理されなくても、人は自発的に動くようになります。

人はロボットではないので、「マニュアル通りにやれ」と言われてもやる気は起きませんし、「給料をアップするからもっと働いて」と言われても、最初は嬉々としていてもすぐに効果はなくなります。

図1－3　氷山モデルを組織論に置き換えてみた

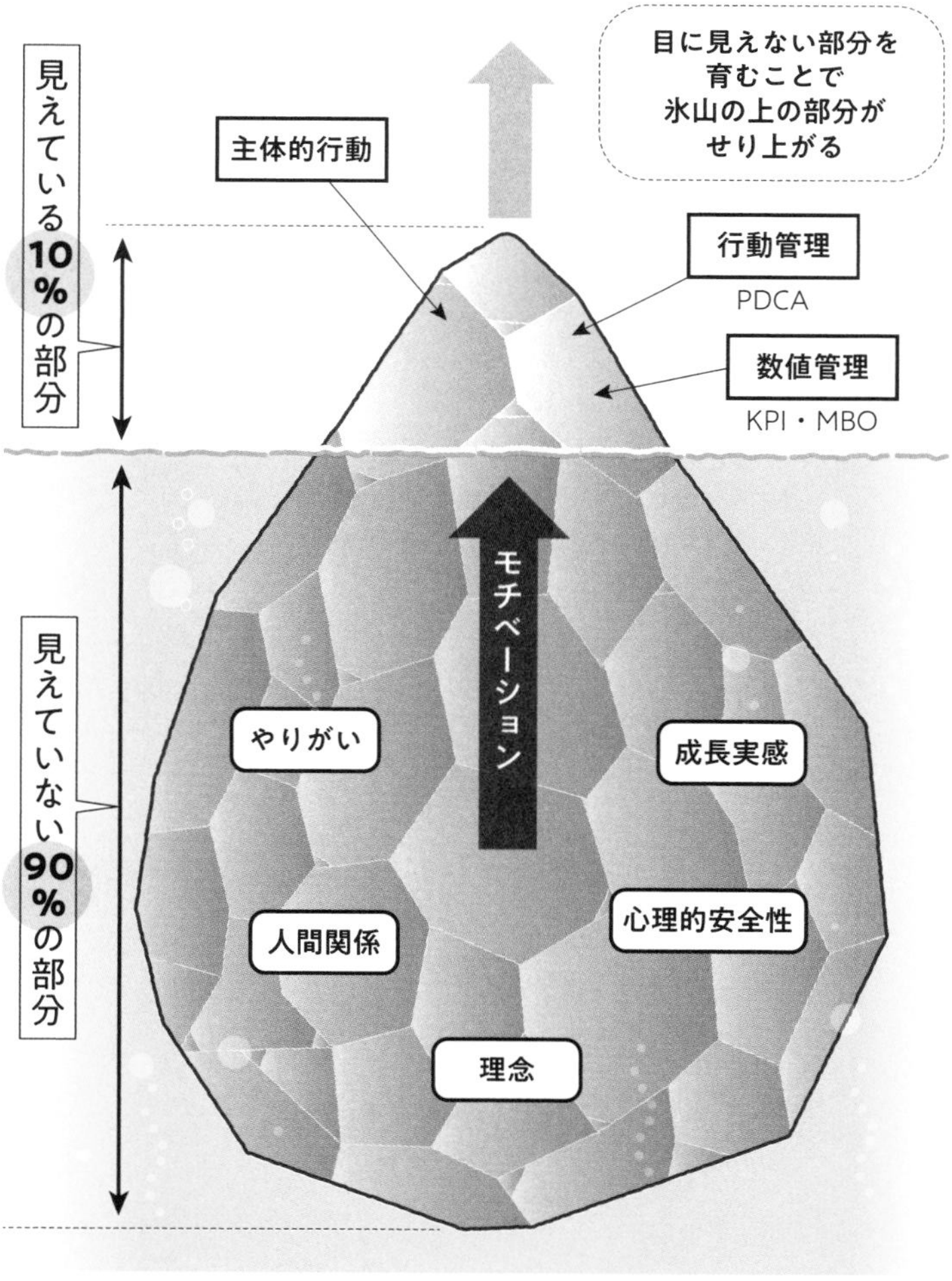

自分の今している仕事が、誰の、何のために役立っているのか。

そんな「ための一致」を実感するような環境をリーダーは整えましょう。そうすれば、「やらされ感」が「やりたい感」に変換されます。

こういう話をすると、「それはわかるけど、やりがいを与えるような方法をいろいろ試してもダメだったから、数値目標をつくっているんだ」と感じる方もいらっしゃるかもしれません。

誤解を恐れずに言うのであれば、それは本当のやりがいや成長実感につながる方法ではなかったのではないでしょうか。もしくは、部下がやりがいや成長を感じたらすぐにやめてしまって、元に戻ってしまったとも考えられます。

やりがいや成長を感じさせる取り組みは、ずっと続けるからこそ効果が継続します。

それこそ、天井知らずに人は成長できます。

それを可能にするのが、次の項目で紹介する「成功循環モデル」です。

4 組織を動かす「成功循環モデル」

いつの時代も会社の理念とお金を両立させるのはリーダーの命題です。

企業としては、社員にまず理念に共感してもらいたいところですが、社員は目の前の仕事をこなすのに精いっぱい。それどころか、「もっと給料をもらえる企業に転職しようかな」と考えているのはよくある話です。

理念だけでは食べていけませんが、理念がなければ社員はやがて働く意味を見失います。悩ましいところですが、安心してください。理念とお金を両立するための方法があります。

それはマサチューセッツ工科大学のダニエル・キム教授が考案した「組織の成功循環モデル」です。これは組織をよりよくするためのモデルで、私なりの解釈を加えて使っています。

成功循環モデルでは、「関係の質」「思考の質」「行動の質」「結果の質」をチームのパフォーマンスを上げるための要素としています。

関係の質：組織やチーム内の信頼関係、コミュニケーション

思考の質：創造的な思考や目的意識など仕事を進めるうえで必要な思考やモチベーション

行動の質：主体的にチームを巻き込む生産的な行動

結果の質：仕事の成果や業績

このように理解すればいいと思います。私は個人的に「思考の質」というより「心の質」「感情の質」というほうが的確のような気がしています。

ダニエル・キムは、この4つの順番が大事だと提唱しています。

4つの質のどこから改善していくかで、「グッドサイクル」になるか、「バッドサイクル」になるかが決まります。

結果や数字を求めて結果の改善ばかりをしているとバッドサイクルになります。

結果よりもチームワークを高めると、グッドサイクルになります。

【バッドサイクル】

結果の質↓関係の質↓思考の質↓行動の質、のように結果の質を起点にするのがバッドサイクルです。

・結果の質：結果だけを追い求めるとチームは疲弊します。数値目標を達成すれば、さらに目標は上がり、どこかで達成できなくなるもの。やがて、メンバーのモチベーションも下がっていくでしょう。
←
・関係の質：結果を出すためにＫＰＩなどを使って目標数値を高く掲げて、目標を達成できなかった社員を厳しく指導すると反発心が芽生え、信頼関係がなくなります。
←
・思考の質：関係の質が悪化すると、上司は常に部下に不満を抱き、部下は上司の顔色を伺って忖度《そんたく》したり、萎縮します。その結果、指示待ち社員が増えます。

・行動の質：思考の質が悪くなると仕事へのモチベーションが落ち、チームの生産性はダダ下がりします。なんとかしようと会議ばかりが増えていきます。そのうえ、チームの誰かが困っていても誰も手を差し伸べず、ギスギスしたチームになります。
↓
・結果の質：行動の質が低下すれば、結果の質が悪くなるのは当たり前。数値目標を達成できず、業績は悪化し、優秀な人財から辞めていきます。
↓

そこで業績を上げるために、さらに事業を縮小し、コストを削減し……といわゆるマイナススパイラルが続いていきます。

とくに結果の質と行動の質は目に見えやすく、わかりやすいので重視しがちです。この2つを改善すると、すぐに効果が表れるので、満足するリーダーは多いでしょう。

しかし、それは表面的で短期的な話。知らず知らずに関係の質と思考の質が低下して、長期的に見るとむしろ組織は衰退に向かっています。

図1－4－1　成功循環モデルのバッドサイクル

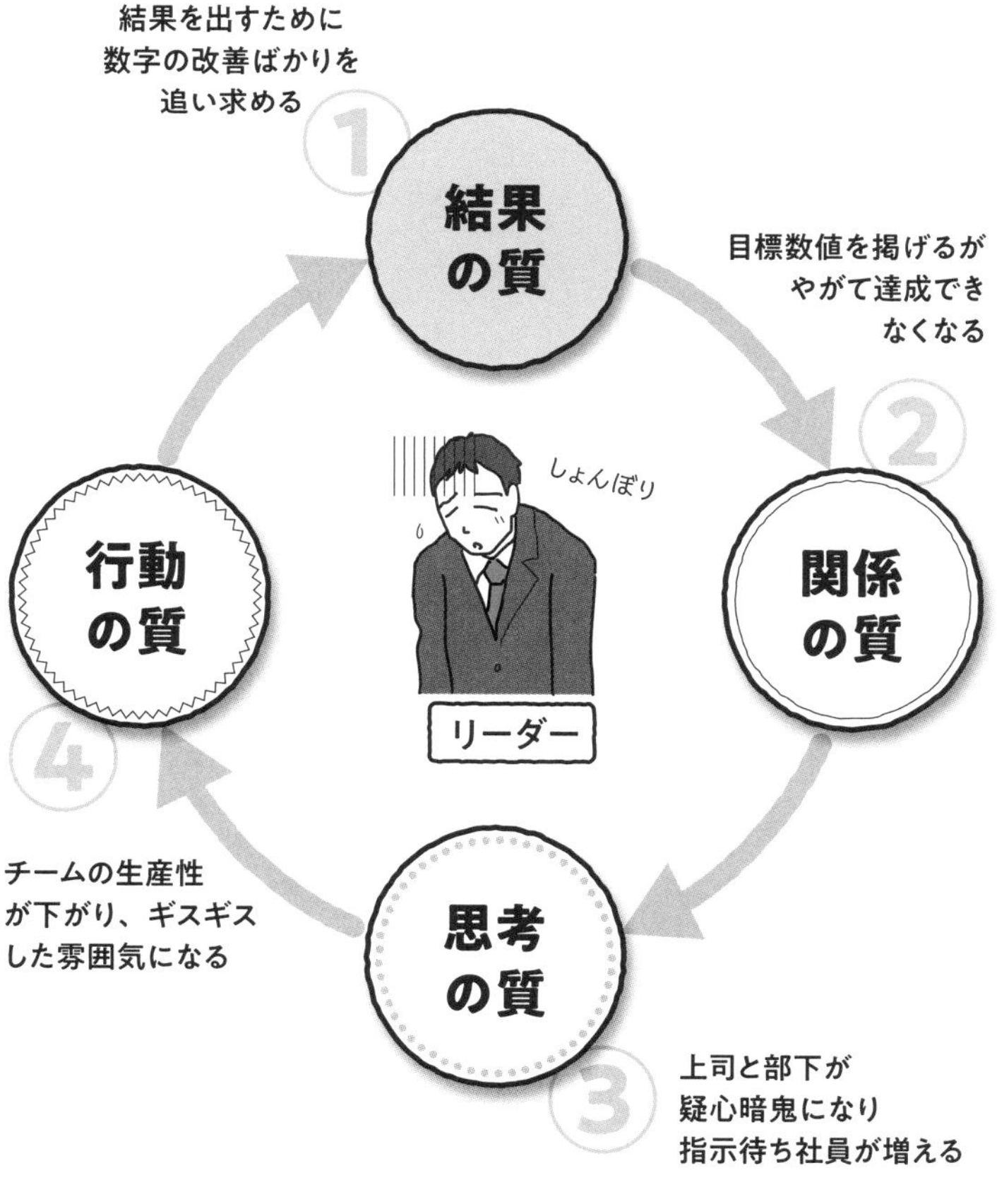
結果を出すために
数字の改善ばかりを
追い求める
1
結果
の質
目標数値を掲げるが
やがて達成でき
なくなる
2
関係
の質
しょんぼり
リーダー
上司と部下が
疑心暗鬼になり
指示待ち社員が増える
3
思考
の質
チームの生産性
が下がり、ギスギス
した雰囲気になる
4
行動
の質

【グッドサイクル】

関係の質→思考の質→行動の質→結果の質、のように関係の質を起点にするのがグッドサイクルです。

・関係の質：私は多くの研修で「場づくり」を重視します。それは、お互いに素の自分を開示できて、何でも話せる場をつくらないと、信頼関係が生まれないからです。「このチームのためなら、私は何でもやろう」と思えるようになると、自分の時間を削ってでも仲間をサポートしようとします。

←

・思考の質：良好な関係が生まれたら、「このチームで、こんなことをしたい！」「会社をもっとよくしたい！」とアイデアが次々と生まれます。

←

・行動の質：思考の質が高まったら、リーダーが指示しなくても自発的に行動するようになります。仲間を巻き込みながら、組織を改革するような行動を次々に起こすでしょう。加えて、仲間が困っているときには助け合い、支え合うチームになります。

図1－4－2　**成功循環モデルのグッドサイクル**

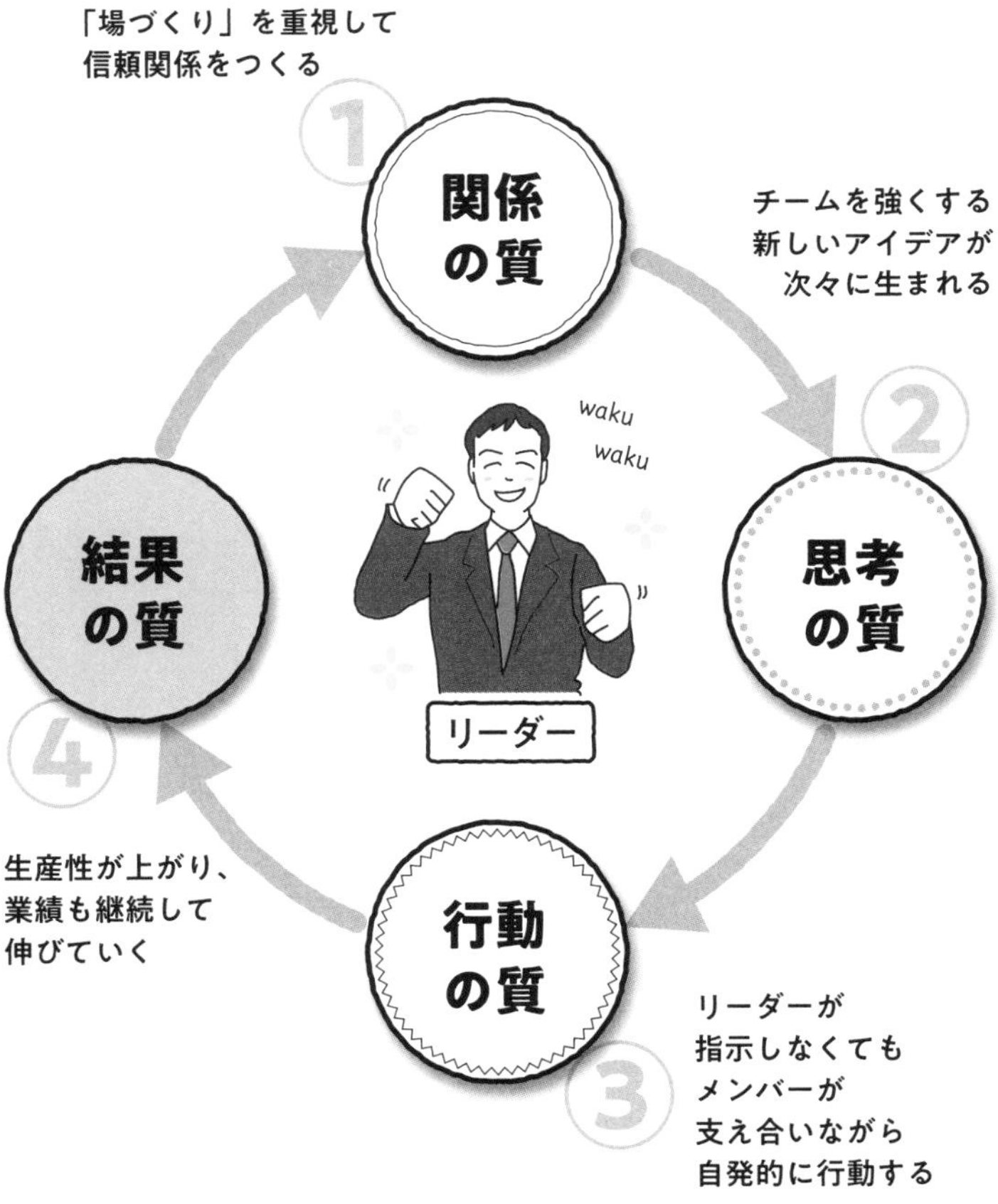

出典：ダニエル・キム「WHAT IS YOUR ORGANIZATION'S CORE THEORY OF SUCCESS?」

・結果の質↑：行動の質が向上したら生産性が上がり、業績アップにつながります。
・関係の質↑：結果が出たことでみんなに自信が生まれ、さらにチームの結束力が高まっていきます。お互いに認め合い、励まし合い、助け合う最強チームへと成長していくでしょう。

皆さんの企業、そしてチームはどちらのサイクルが回っているでしょうか？

ダニエル・キムは関係の質と思考の質という、目に見えにくくて改善に時間がかかる部分こそ重要だと言っています。この2つの質が前項の氷山モデルの海中にもぐっている部分です。結果の質と行動の質は氷山モデルの海面に出ている部分になります。10％の部分だけをよくしようとあれこれ対策をとっても効果がすぐに出なくなるのは、見えない90％の部分が悪化しているからです。だから時間がかかっても90％の部分を改善するところから始めないと、荒海にもまれてすぐに流されてしまう氷山のように儚《はかな》い組織になってしまいます。

それでは、グッドサイクルを回すために、何をすればいいのか。

本書では、それぞれの質を高めるための法則を紹介します。

グッドサイクルが回るようになれば、一人ひとりが自分の頭で考えてチーム、もしくは組織のために行動する最強チームをつくれます。

チームの成果が上がらずに焦っているときこそ、関係の質から見直しましょう。

数字などは後からいくらでもついてきます。

そして、関係の質を高めるためにはシェアリングリーダーが最強なのです。

5 1on1は「頻度より深度」

今はどこの企業でも、1on1ミーティングをするのが普通になっています。

1on1ミーティングでは部下の話を傾聴して、仕事の進捗状況を確認し、悩みがあったら引き出して自分で解決策を考えてもらう。そのような1on1のセオリーにのっとって実践しているのに、部下との関係があまりうまくいってない気がする人、多いのではないでしょうか？

週に1回30分の1on1をするなど、形式的な1on1なら、まったく意味がないと思います。

よくあるのは、リーダーの評価基準に「あなたは部下と何回1on1しましたか」と入っているので実践しているケースです。

それだと部下は上司の点数稼ぎのために付き合わされているようなもの。お互い忙しいのに不毛な時間を過ごしているだけ、という状況になっているのではないでしょうか。

私は、1on1は「頻度より深度」だと考えています。

回数はもちろん大切ですが、ただやみくもに回数を重ねればいいというものではなく、どれだけ本音で話せるかが大事です。だから会議室でかしこまって話し合うより、ランチやお茶に誘うとざっくばらんな話ができるでしょう。

食べる行為そのものが人間の根源的な欲求なので、食事では割とその人の人柄が出ます。食べものの好みも出るし、「この前の休みの日、話題のお店に並んだ」という話から休日の過ごし方が見えて来ることもあります。

音楽の話やハマっているドラマの話、よくよく聞いてみると釣りが好きなど、プライベートな話が自然と出やすいのも食事の場の効果です。

業務指示のような機能的なコミュニケーションと情緒的なコミュニケーションがあるなら、社外では情緒的なコミュニケーションが取りやすくなります。

できれば、**仕事から離れた話をして、関係を深める**のが理想的です。

「部長は話が長い」「あのクライアントはコストにうるさい」など、陰口をたたくのはもってのほか。ネガティブな話題で親密にはなれません。

ある会社の管理職の人たちは部下の趣味を聞いて、釣りが趣味なら一緒に釣りに行くなどして親交を深めていました。

部下からモンスターハンターというゲームにハマっているという話を聞いて、自分もそのゲームを買ってやり始めた管理職がいました。その管理職もすっかりハマって、一緒にオンラインゲームをするようになり、「あのアイテム、手に入れた？」とチャットで会話するようになったのだそうです。

部下もおそらく、自分に寄り添うために上司がゲームをしているのはわかっているでしょう。自分のためにそこまでしてもらえて、嬉しく思わない部下はいないはずです。

なお、**飲みニケーションよりはランチやお茶で30分から1時間ほどコミュニケーションを取るぐらいがちょうどいい**と思います。

お酒を飲んだら説教モードになる上司は少なくありません。お酒が入ると言葉を選ばなくなり、話がエスカレートしていくので、集中砲火を浴びる部下にとっては単なる苦行です。

図1－5　1on1をうまく進める7つのコツ

①　形式的な1on1ならやらないほうがいい

②　どれだけ本音を話せるかが大事

③　会議室ではなく社外に誘おう

④　飲み会よりもランチがおススメ

⑤　仕事ではなく趣味の話で関係を深めよう

⑥　30分～1時間くらいがちょうどいい

⑦　信頼関係が生まれれば1on1は不要

上司はスッキリしても部下はモヤモヤが残るので、これでは百害あって一利なし、と言えます。

会社での1on1も、信頼関係が築けているなら深度をさらに深められます。関係性がないと緊張感が生まれるので、関係が構築できるまでは、1対3や1対5ぐらいで交流を深めるほうがいいかもしれません。その関係を構築するために、外に誘ってみてはいかがでしょうか。

会議室の1on1で乾いた会話を交わすより、素で触れ合えて温かみのある会話ができます。

もっと言えば、**信頼関係ができれば1on1も必要ありません。**

相手が仕事でミスをして落ち込んでいるときに、通りすがりに背中をポンポンと叩くだけで、「あっ、励ましてくれている」とわかるでしょう。

1on1をするのが目的ではなく、部下との信頼関係を深めるのが目的だという点を忘れないでください。

6 グッドサイクルでチームが勝手に動き、業績もアップ《その1》

それではここで、成功循環モデルのグッドサイクルを実践して、チームが劇的に変わった実例をご紹介します。

ステーキ専門店「アウトバックステーキハウス（以下、アウトバックと表記）」を展開しているオーエムツーダイニングという会社があります。ＯＵＴＢＡＣＫはオーストラリアの「未開拓の地」を意味する言葉です。本場のようなボリュームがあり、質の高い肉料理を中心に提供しています。

２０００年に日本に進出して店舗を増やしてきましたが、「いきなりステーキ」のような競合が次々と参入し、業績は伸び悩んでいました。また、人財がなかなか成長しないという飲食店にとっておなじみの悩みを抱えていました。

そこで、２０１８年に私にお声がかかったのです。

アウトバックはアメリカ発のステーキハウスということもあり、コンサルティングを始めたばかりの頃、アメリカのような自由さがありました。スタッフ同士の仲は悪くはなく、一見、活気のあるお店のように感じます。けれども、**接客は統一感がなく、キッチンも整理できておらず**、どこに何が置いてあるのかわからないので、お世辞にも機能的とは言えませんでした。

入社したら接客の仕方をレクチャーされてからお店に立ちます。それでも、礼節に関しては個人の力量に委ねられていて、統一感がありませんでした。

身だしなみに関するルールもあり、「金髪やシルバーはＯＫだけど、青や赤など人工的に染めたらダメ」と決まっていました。

ところが、あるスタッフが「加藤さん見てください♪」と後ろ髪を持ち上げたので見てみると、内側がピンクに染まっていました。つまり、見えないところでルール違反をしているということです。それを嬉しそうに報告するところは、無邪気ではあるけれども、「ホスピタリティの大切さをわかっていないんだなあ」と感じました。

アクセサリーをつけたり、目立つネイルをしているスタッフもいました。

「学生だから、仕方がない」「若者はそんなもんだ」と考えて、真剣に指導しないお店も多いでしょう。とくに今は人手不足で、ルールに従うように指導したら、「ここ、ウザいな」とあっさりと辞めてしまう可能性もあります。

しかし、**お店は何のためにあるのか。お客様に喜んでいただくためです。**

お客様に足を運んでいただくことでお店は経営が成り立ち、スタッフは給料をもらえるのです。

それなのに、見えないところでルール違反をするようでは、お客様と真摯に向き合っているとは言えません。全力で目の前のお客様に向き合わないと、お客様が気持ちよく食事することなどできないでしょう。

私は、アウトバックは食事だけで勝負するのではなく、接客で、人の魅力で勝負する店になるという目標を掲げました。

ただ、私が一方的にアドバイスするコンサルティングでは、若者が素直に耳を傾けるとも思えません。

そこで、**まず私と共に社内の改革を進めるけん引役になったのが、現マネージャーの田村円花《まどか》さんです。**円花さんは元々アルバイトで入社し、4年目に正社員になった女性です。

私が「組織変革プロジェクト」と銘打ち、3店舗でメンバーを3、4人決めて、プロジェクトをスタートしたところ、メキメキと頭角を表したのが円花さんだったのです。

①関係の質の改善

まず始めたのが場づくりです。

ここでは、「ほめほめタイム」と「ありがとうカード」について紹介しましょう。

たとえば、朝礼は店長と社員とホールのスタッフだけではなく、キッチンのスタッフも全員参加にしました。とはいえ、店長の話をありがたく聞く朝礼では、場づくりはできません。

そこで**私は「ほめほめタイム」を取り入れてはどうか、とアドバイスしました。**ほめほめタイムは第2章で詳しくお話しするので、ここでは詳細は省きます。とにかく、お互いをほめて認め合う場をつくることで、「関係の質」を高めていきました。

進行はプロジェクトリーダーの円花さんに任せました。

店長が「出勤してくれてありがとう」と**スタッフに御礼を言ったり、そのとき感じ**

ていることを短く話し、みんなでほめほめタイムをしてから、気合い入れをします。

そして、みんなで手をつないで「We are NO・1!」などと掛け声をかけながらジャンプして、テンションが上がったところでお店を開けます。その熱気は、まるで試合に臨むスポーツ選手のようです。

さらに、「ありがとうカード」も始めました。

「ありがとうカード」を導入している企業は多いでしょう。社内で誰かに仕事を手伝ってもらったり、フォローしてもらったりしたときに、感謝の一言を書いて相手に渡すカードです。アウトバックではスタッフがこのカードをデザインしました。

ただ、ありがとうカードを渡すだけでは関係の質を高めるためには足りません。

そこで、毎月ありがとうカードを一番もらった人と、ありがとうカードを一番渡した人、両方を表彰することにしました。しかも、表彰式の様子は動画に撮りスタッフのLINEグループで共有されます。

これなら、カードをたくさんもらいたくて頑張るのと同時に、たくさん渡すためにみんなの行動を観察するようになります。それが相手を知り、認め合う土壌をつくっていくのです。

図1－6－1　組織変革プロジェクト①「関係の質の改善」

ほめほめタイム

みんなで集まってお互いのいいところを名指しでほめ合う

ありがとうカード

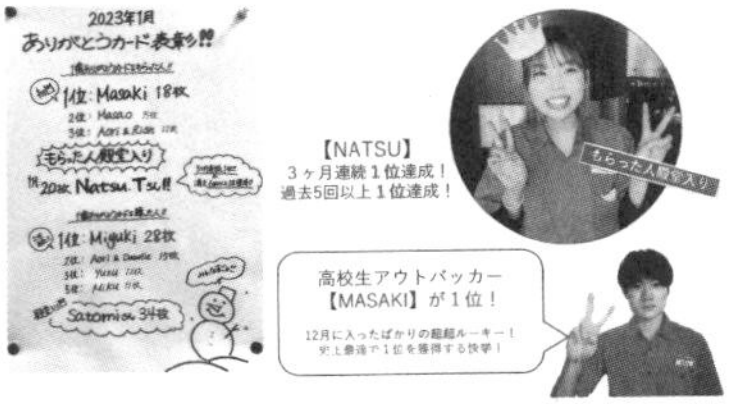

スタッフ同士が感謝の一言を伝え合う。
一番多くもらった人と一番多く渡した人の両方が表彰される

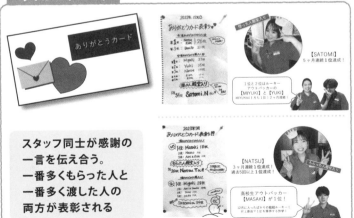

②思考の質の改善

礼儀正しさは社会に出ると基本になりますが、その根本にあるのは相手に対する思いやりです。世の中はさまざまな人種や宗教、言語や文化が違う人で成り立っています。相手が誰であっても敬意や感謝を示すために不可欠なのが礼節です。

礼節は学生スタッフが将来社会に出たときに、必ず役に立ちます。

そこで、挨拶の統一、言葉遣い、電話対応やお見送りの仕方など、基本的なことを徹底するようにプロジェクトメンバーと一緒に改革していきました。

今までは「こんにちは」「こんばんは」「いらっしゃいませ」や「ありがとうございます」「ありがとうございました」など、挨拶がバラバラでした。

挨拶をするものの、気持ちがこもらずに言葉を発しているだけではお客様にファンになってもらえません。ただ挨拶をするだけではなく、お客様への感謝の気持ちを込めるのが大切なのだ、とまずは再認識してもらいました。

そのうえで、挨拶を「いらっしゃいませ、こんにちは（こんばんは）」、「ありがとうございます」に統一しました。小さな変化ですが、統一すると店の一体感が生まれます。

また、お客様も「いらっしゃいませ」の後に挨拶が続くと「こんにちは」と挨拶を返しやすくなります。そんな小さな言葉がけからお客様とのコミュニケーションは始まるものです。

さらに、身だしなみのルールも決めました。制服の着用の仕方、長い髪は結ぶ、爪は2ミリ以内に切りそろえて、マニキュアは透明のものだけOK、ぶら下がりピアスは禁止など細かくルールを定めて、それをみんなで共有するためにロッカールームに写真入りのマニュアルを貼りました。

これで、お店に出る前には必ず身だしなみをチェックできます。

ところが、遊びたい盛りの若者にこういう指導をしても反感を買い、なかなか全員がやってくれないという事態が起きました。円花さんたちが指摘しても、「え～、ちゃんとやるのってなんだかこっ恥ずかしいし」と返されたのだとか。

年齢が近い円花さんたちも、何度も指摘しづらくて躊躇《ためら》う気持ちがありました。

そこで、「礼節はとにかく楽しくやろう、やったもん勝ちが大切」だと私は伝えました。みんなに強要するのではなく、「礼節を守ったら、こんなにいいことがあるんだよ」と楽しんでいる姿を見せることで、みんなを徐々に染めていく作戦にしたのです。

図1－6－2　組織変革プロジェクト②「思考の質の改善」

挨拶の統一

接客7大用語

① いらっしゃいませ
② ありがとうございます
③ かしこまりました
④ 恐れ入ります
⑤ 少々お待ちください
⑥ お待たせしました
⑦ 申し訳ございません

…を揃えることで

⇩

チームの思考が同じ方向に揃う効果が

① いらっしゃいませ
こんにちは！ or こんばんは！

② ありがとうございます
またお待ちしております！

統一されると
お店全体の
一体感が生まれる！

円花さんたちはゲーム感覚で礼節を守れるような方法をいろいろ考えて試しました。たとえば**「挨拶・お声掛け強化月間」をつくって、NO・1を決めるコンテストを開きました。**

「いらっしゃいませ」「ありがとうございます」を誰よりも元気に言っているか、スタッフ同士の挨拶もしているか。全社員とスタッフが対象になり、審査員も全員です。「この人はいい挨拶・声掛けができているな」と思ったスタッフの名前を書いて投票し、一番投票数が多かったスタッフはピンバッジをもらえます。何度もコンテストで優勝しているスタッフは制服にピンバッジをたくさんつけているので、まるで勲章のようです。

そのような円花さんたちの取り組みが功を奏して、アウトバックは活気があり、ホスピタリティ精神全開のお店へと生まれ変わりました。

7 グッドサイクルでチームが勝手に動き、業績もアップ《その2》

③行動の質の改善

礼節を徹底するのと並行して、店内の環境整備もスタートしました。

変革は、まずはロッカールームから。ロッカールームは出勤したら最初に使う場所であり、1日の終わりに使う場所でもあるので、ここをキレイにしたら働く意欲が湧きますよ、とアドバイスしました。

それまでのロッカーは誰がどこを使っているのかがわかりづらく、ロッカーの上に物干しざおを渡して洋服をかけている状態でした。掃除もあまりしていないので、「汚いから使いたくない」と言われていたぐらいです。

そこで、円花さんたちは大掃除をしてロッカーをきちんと割り振って、大きな名札を貼って誰が使っているのかわかるようにしました。私物はすべてロッカーの中へ。

靴置き場にも名札を貼って、靴をしまいやすくしました。

キレイになるとロッカーの色が暗いのが気になり、円花さんたちは緑のペンキを買ってきて自分たちで塗りました。ところが、「なんかかわいくない。映《ば》えない」という残念な仕上がりになり、「タピオカドリンクを持って撮りたくなるようなロッカーを目指そう！」と白い木目調の壁紙を貼り、ロッカーも壁紙に合わせて明るめの白に塗り直しました。

こうして、**誰もが気持ちよく使えるロッカールームになった**のです。

さらに、店内で使いづらいところがあったら、とにかく改善。キッチンの野菜置き場は野菜を種類ごとに分けて透明の箱やカゴに入れ、イラスト入りの名札を貼り、外国人のスタッフでも一目でわかるように整理しました。

これで「トマトはどこだっけ？」と探す時間が減り、作業効率がよくなりました。

他にも**ごちゃごちゃになっていた引き出しの中をスッキリ整理して、すぐにものを取り出せる**ようにしたり、使いやすく、見やすく、清潔にするための工夫をしていきました。マジックやハサミを置く位置まで決める、徹底ぶりです。

一度、整理整頓して使いやすさを実感すると、そのままキープしたくなるものです。

図1－7－1　**組織変革プロジェクト③　「行動の質の改善」**

環境整備

●**「見えないところ」から変えることで、行動が変わる**

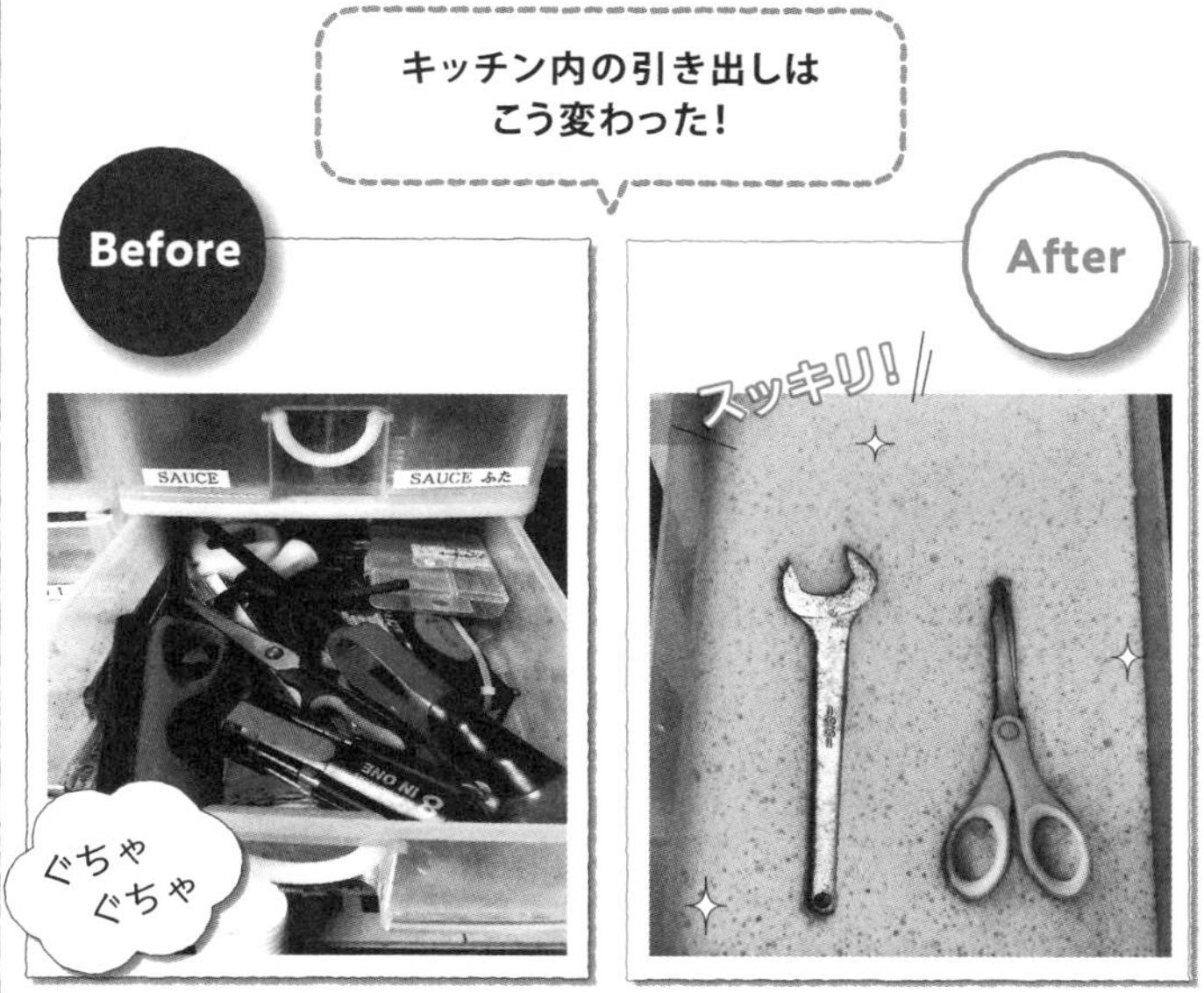

環境整備＝【感動サービスの舞台作り】

「キレイなお店ですね！」とお客様の感動を生む。
信頼できるお店だからこそ、「大切な人に紹介したい！」
「ここで働きたい！」と感じてもらえるお店に変化する

それにキレイな店内で働くと快適なので、モチベーションアップにもなります。

こうして、隅々まで意識が行き届いた店になりました。

自分で問題を見つけて解決策を考え、それを実行してうまくいったら気持ちいいのは言うまでもありません。その快感にみんなはすっかり取り憑《つ》かれています。

④結果の質の改善

実は、私は売上や販促に関することは一度も口にしていません。

グッドサイクルが回り出したら、自然と数字もついてくると考えていたからです。

私の予想通り、アウトバックはコロナ禍でまだ多くの飲食店が大打撃を受けているなか、２０２２年のクリスマスイブには、過去最高売上を記録しました。


組織変革プロジェクトに終わりはありません。

今は人財育成や理念の浸透を中心に学び、みんなで共有できるようにしています。

9店舗中8店舗が組織変革プロジェクトを始めて、今は店同士で情報をお互いに共有していいところを取り入れていっています。

図1－7－2　組織変革プロジェクト④
「アウトバックステーキハウス」の成功循環モデル

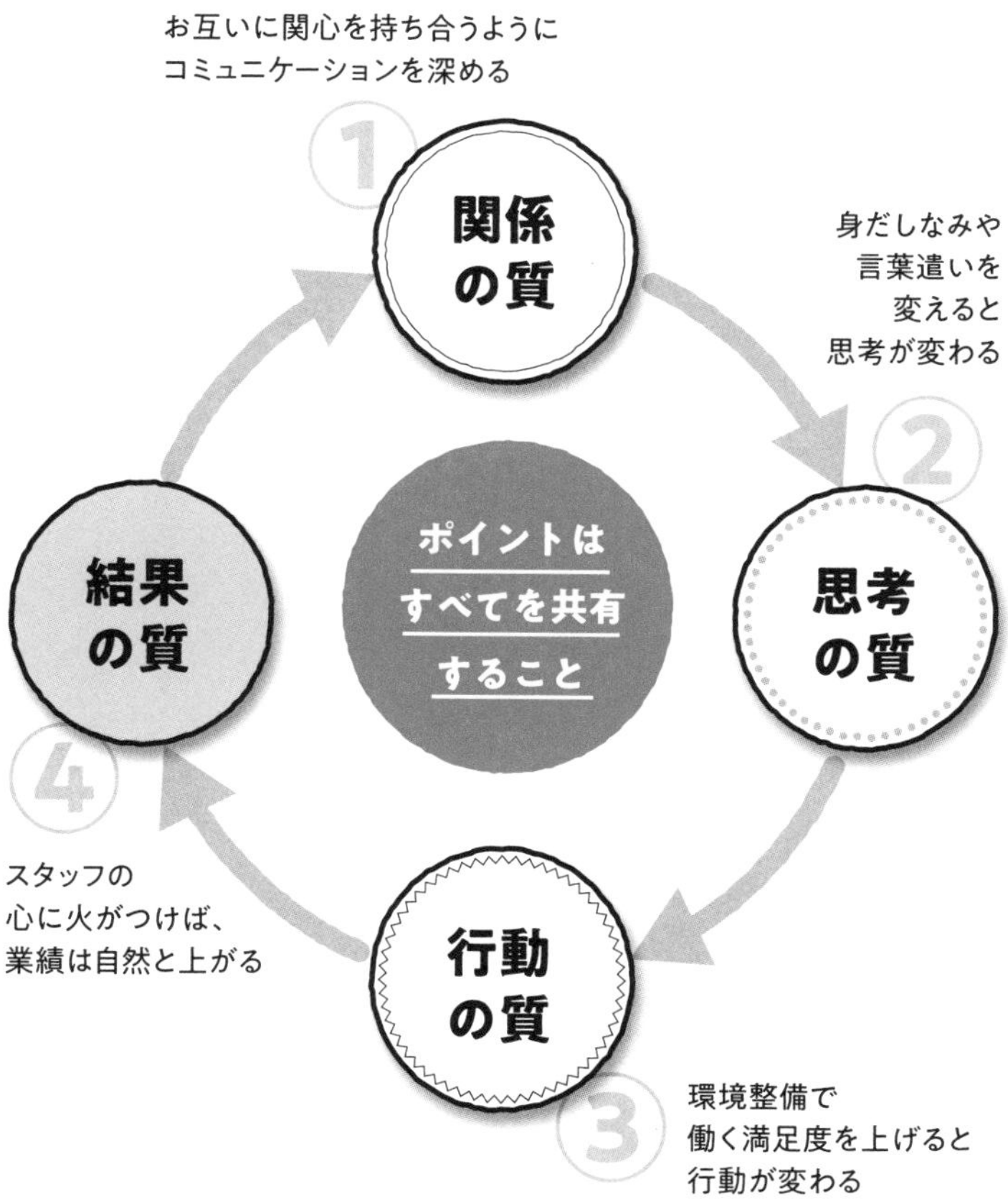
お互いに関心を持ち合うように
コミュニケーションを深める
1
関係
の質
身だしなみや
言葉遣いを
変えると
思考が変わる
2
思考
の質
ポイントは
すべてを共有
すること
環境整備で
働く満足度を上げると
行動が変わる
3
行動
の質
スタッフの
心に火がつけば、
業績は自然と上がる
4
結果
の質

こうした改革は、私が細かく指導したわけではありません。

「お客様はただ食事を味わうためにここに来ているわけじゃないんだよ。家族で過ごす豊かな時間だったり、恋人との素敵な時間だったり、昇進祝いとか、晴れの日をお祝いする時間を味わうために来てるんだ」

「だから僕らはお客様に料理を運ぶんじゃないんだ。思いやりを運ぶんだよ」

「100年後の子供たちのために、今自分に何ができるのかを考えよう」

このような仕事の意義や意味を考えてもらうような言葉を、プロジェクトメンバーに何度も何度もかけました。

フォークを1本置くにしても、ナイフ1本置くにしても、そのときの所作や話し方にすべてが出るので、気を抜いてはいけない。お客様から「すみませーん」と声をかけられたら負け、という感じで重要なポイントを伝えました。

すると、円花さんをはじめとしたプロジェクトメンバーに火がついて、自主的にアイデアを出してどんどん改善していったのです。私もその成長ぶりには目を見張る想いでした。

そして、その熱が店内に伝染していき、最初は遠巻きに見ていたスタッフも礼節や環境改善などに真剣に取り組むようになりました。

言葉があまり通じない外国人スタッフも、みんなが楽しそうにやっている姿を見て、「僕たちにもやらせてくれないか」とプロジェクトに参加するようになりました。今は英語やスリランカ語の環境整備の計画書も作っています。

いつの時代も若者は「今どきの若者は」と大人たちから目の敵《かたき》にされています。けれども、若者たちも心に火をつければ、大人が想像しているよりはるかに真剣に仕事に向き合い、さまざまなチャレンジをするようになります。

皆さんのチームもグッドサイクルを回せるようになれば、働く喜びに突き動かされ、誰にも何も言われなくても走り続ける部下ばかりになるでしょう。

その力を引き出せるのはほかでもないリーダーだけです。

8 リーダーは400度熱で語れ

情熱は伝染し、熱伝導する。

これは私がよく言う言葉です。

情熱の炎をリーダーが燃やしているから、その炎を感じたいし、温まりたいから人が集まってきます。そのときに苦しそうに情熱の火を燃やしたら、「なんか辛そうだな」とみんな近寄らなくなります。

楽しそうに「これは世の中のためになる仕事だ」と志を持って打ち込んでいるなら、その志に共感して同志が集まってきます。

情熱を伝えるために、リーダーは400度熱で語るべきです。

例えば部長が400度熱で伝えたら、課長が200度熱で現場に伝え、現場には100度熱が残ります。熱は人を介するたびに落ちていくので、最初に発信するリーダーは400度ぐらいの熱で伝えないと現場に届くころにはすっかり冷めているということです。

もし100度の熱で伝えたら、現場に届く時点では25度ぐらいになっています。体温よりも低い温度で人は動くでしょうか？　もちろん、自分が50度ぐらいなのに部下には100度になれと言っても誰も動いてくれないでしょう。

ただし、400度熱と言っても「気合いだ！」とみんなでこぶしを振り上げればいいというわけではありません。

京セラの本社ビルの12階には、畳が100枚も敷き詰められた巨大な和室があり、連日コンパが開かれているそうです。故稲盛和夫会長によると、昼間の会議で「世界一を目指そう」という話をしても一方的な訓話のようになってしまいやすいとのこと。

稲盛氏はこう語っています。

「コンパとは、私が従業員との間で率直にコミュニケーションを図る場であり、同時に、私の考えをみんなに理解してもらうための大切な場です。（中略）私は会社を創業して以来、機会を見つけてはコンパを開き、リラックスした雰囲気の中、膝を突き合わせて酒を酌み交わし、人生について、仕事について語り明かしました」

稲盛氏は社員と車座になり、鍋をつつきながら酒を飲み、語り合ったと言います。これが稲盛氏流の400度熱の伝え方なのだと思います。飲みニケーションはあまりおススメしませんが、ここまでするのならやる意味はあります。

そこまでしなくても、**繰り返し自分の想いを伝えてチームのメンバーで共有すれば熱は伝わっていきます。**燃え盛るような400度熱ではなく、ジワジワ暖める400度熱かもしれません。それでも部下に熱が伝染すれば行動変容が起きるでしょう。

意識改革や行動改革より、人間関係の改善をするのは、昭和の時代の会社はどこもやっていました。

社員旅行や運動会、飲み会や歓送迎会、土日は接待ゴルフなど、社員が一緒に過ごす時間は今より圧倒的に多かったと思います。それがバブル崩壊後に「悪しき習慣」のような烙印を押されてしまいましたが、関係を深めるという観点からいえば、決して間違ってはいませんでした。今は関係を深める方法が違うだけです。

コロナ禍でリモートワークが定着しましたが、企業の6割がリモートワークを減らしたように、**直接顔を合わせる場はやはり重要です。**仕事の合間のちょっとした雑談が、いかに関係性を深めていたのか、痛感しているリーダーも多いでしょう。

図1－8　リーダーは400度熱で語ろう

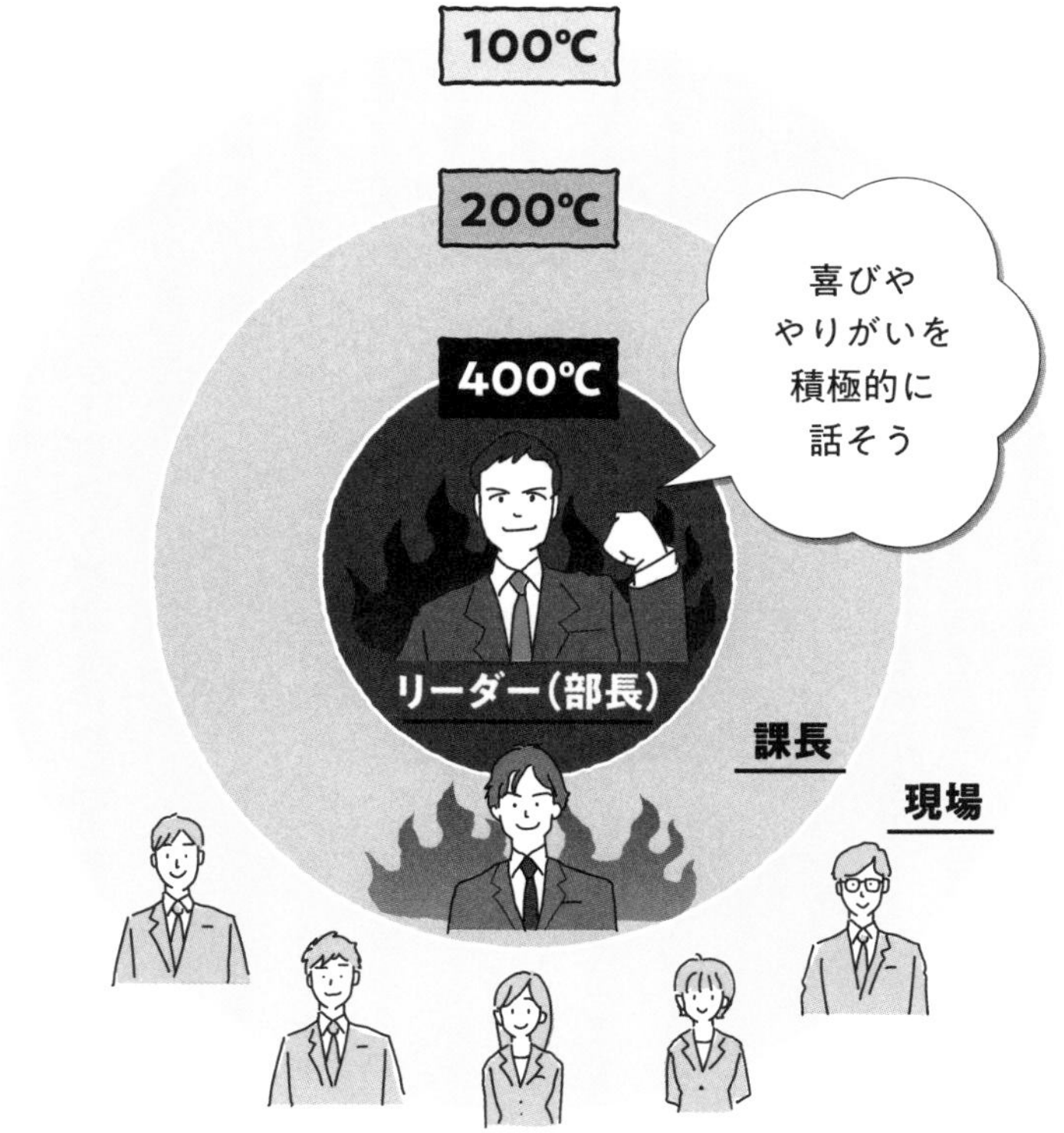

リーダー自身が熱源を持ち
みんなに共有していく

リーダーが400度熱を持つには、会社の理念に共感して、理念に紐づけたことを語るのも大事ですが、**リーダー自身が熱源を持つことも大切です。熱源とは喜びややりがいです。**

私の場合、人財育成に関して熱量が上がります。子供たちが魅力的な大人に触れて、将来に夢や希望を見出せる国にしたいという想いがあり、コンサルタントという仕事を通して「カッコいい大人」を育てていきたいと考えています。

その自分の想いは部下にもクライアントにも繰り返し伝えています。一度で伝わるとは私は思っていません。何十回でも何百回でも繰り返し伝えると、「加藤さん、本気で考えているんだな」と周りに熱が伝わっていくのだと思います。

そう考えると、リーダーが無口であるのは役割を放棄しているようなものかもしれません。

饒舌に語る必要はありませんが、自分の熱を伝えるために、自分が仕事でどんな喜びを感じているのか、何にやりがいを感じるのかを部下に話すようにしましょう。その熱を共有したら、部下も徐々に変わっていくはずです。

第2章

「関係の質」がよくなるための法則

0 人間関係の改善は1on1より全共有

皆さんは、歯が痛くなったときに歯医者に行かず、鎮痛薬でごまかしているうちに虫歯が悪化してひどい目に遭った経験がありませんか？

ビジネスの世界でも、それと似たような状況はよく起きます。

私が以前、営業職向けの研修を担当していたときのことです。

研修では「お客様にこうアプローチすれば契約を取れます」「お客様をリピーターにするためにはこう考えればいい」と方法を伝えていました。問題解決のために、関係の質ではなく、思考の質や行動の質を先に改善していたのです。

参加者がその通りに実践すると成績は劇的に改善し、その企業の業績は目に見えて上がりました。

参加者は「こんなに契約をとれたのは初めてです！」と喜び、企業の人事部も「加藤さんのお陰です！」と大喜び。私も人の役に立てた喜びを噛みしめていました。

やがて、私の役目はその企業では終了となり、別の企業で同じように営業研修で営業の底上げを図る毎日でした。どこの企業でも営業の成績は飛躍的に上がり、私は着々と実績を築いていました。

ところが、しばらくすると「また売上が低迷してきたので、研修をお願いしたい」というリピート依頼が相次いだのです。

研修の場で再会した参加者は、みな目がうつろ。事情を聞くと、「売上を達成しても、また数値目標が高くなるだけだから、仕事が厳しくなってツライ」と完全にやる気を失っていました。数か月前、キラキラした目で営業の面白さに目覚めたと、熱く語っていたのに。

リピートしてもらうのは、私にとって営業的には悪いことではありません。しかし、「コンサルタントが離れたら元に戻ってしまうのは、本当の意味での解決になっていないのではないか？」と疑問が湧いてきました。いわば、自分がしていたのは虫歯の痛みを一時的に止める鎮痛薬のようなものなのだと悟りました。

営業に数値目標が必要なのはわかります。

しかし、営業の本質はお客様の役に立ち、お客様に喜んでいただけること。それが自分にとっての喜びにもなるのだと私は研修で伝えてきましたが、いつの間にかノルマ達成のための手段として私の教えたノウハウは使われていたのです。

これでは何度教えても、短期的には効果を上げても、すぐに元に戻り、根本的な解決にはなりません。

私は、徐々に現場の仕事の仕方を変える前にやるべきことがあるんじゃないかと思うようになりました。

数字よりも大切なことがある。技術や方法論だけを教えても意味がなく、社内全体で解決策を考えないと、「やらされ感」を生み出すだけではないか。そのような想いが募り、私は組織全体を変えるような研修の仕組みを整えることにしました。

そして、さまざまな方法を試すうちに、すべての方法に共通する一つの法則を見つけました。それは、「すべてを共有すれば、人のつながりが強くなる」というシンプルな法則です。

図2－0　関係の質を上げる全共有

◎ 数値目標
◎ 喜怒哀楽
◎ プライベート

すべて共有すれば
関係の質は高まる

そのための法則（方法）を
この章で紹介します

1on1ミーティングで上司と部下が二人だけで共有するのではなく、チーム全員ですべてを共有する。時代に逆行する方法かもしれませんが、それがシェアリングリーダーになるための基本です。もちろん、言いたくないことまで無理に言う必要はありません。あくまで、本人の気持ちを尊重します。

喜びも悲しみも嬉しさも怒りも、迷いや決断も、すべて共有すれば、年齢もポジションも超えて人は人とつながれます。それも、想像以上に深く、強く。

チームの絆が強くなると、リーダーが何もしなくても、みんなは自分で考えて行動するようになります。数値目標など立てなくても、各人が自分で目標を立てて自走できるでしょう。何か問題が起きても、自分たちで話し合って解決する。そのようなチームに生まれ変わった瞬間を、私は何度も目にしてきました。

この章では、リーダーと部下の関係の質を高められる法則を紹介します。

もっと明るく、楽しくチームを率いるために。

ゲーム感覚で試せる方法を実践しながら、チームのつながりを強固にしていただきたいと思います。

1 飲みニケーションより関係を深める「カードファシリテーション」の法則

私は「言いたいことを言える」のが、本当の意味でのチームワークだと思います。相手を想うからこそ、時には厳しい意見を言わなくてはならない。私はこれを「厳愛」と名付けています。

厳愛については第3章で詳しくお話ししますが、厳愛が通用する関係性にするには、まずお互いを理解するところから始めなくてはなりません。

私は、「カードファシリテーション」を実践すると、前と後でガラリとチームの関係性が変わることを発見しました。カードファシリテーションとは付せん＝カードを意味し、カードを題材にして会議やミーティングで議論を活発にする手法です。

カードファシリテーションの方法は簡単です。

①参加者を役職などの階層ごとに分けてグループをつくる
②参加者全員に付せんを渡す
③ファシリテーターがテーマを出し、それに対する考えを一人ひとり付せんに無記名で書き込んでもらう
④付せんを模造紙やホワイトボードに貼り出して、全員で共有する
⑤感想を述べてもらう

これだけです。
①は大事なポイントで、**上司は上司だけ、部下は部下だけでやるのが基本です。**
なぜなら、グループに上司が混じっていると部下は本音がなかなか出せないからです。上司も、部下がいると無意識に「ええかっこしい」スイッチが入ります。お互いが本音を出せるようにするためには、別々にやってもらうのが最良です。

ただし、それだけでは部下↓上司の方向はあっても、上司↓部下の方向がありません。**一方通行ではなく、双方向に心を通い合わせるようになるためには、全員のカードを共有する**必要があります。

ですので、上司の皆さんこそ率先して、カードファシリテーションを体験していただきたいと思います。

たとえば、新入社員にはテーマとして、「楽しみにしていること」「不安や悩んでいること」の2つのお題で付せんに書き込んでもらいます。

仕事のことでもプライベートでも構いません。一言でいいので、付せんにつぶやいてもらう。それを模造紙に張り出して、みんなで共有します。

新入社員同士で共有すると、「目標を達成できるか不安」といった悩みや、「言葉遣いがちゃんとできるのか心配」「毎朝ちゃんと起きられるかな」といった不安の言葉を読むうちに、「みんな、同じことで悩んでいるんだな」と共感できます。

そこで、「私も目覚ましを2つセットしてるんだ」のように会話が弾み、一人ひとりを隔てている壁が消えていきます。

その付せんの一覧を、新入社員を教える立場の人たちにも見てもらいます。付せんに書き込むときは原則名前を書かず、無記名。誰が書いたのかわからないようにするので、心おきなく本音をつぶやけます。

上司は、「彼氏できるかな」「一人暮らしが不安」「自炊できるか心配」といったプライベートのつぶやきを読みながら、「新人はこんなことで悩んでいるんだ」と多くの気づきを得られます。

「自分も、新人の頃はこんなことで悩んでいたな」とか、「仕事以外のところでもストレス抱えているんだな」とさまざまな感情が湧いて来るでしょう。

そのような本音を知ったら、自然と新入社員への接し方も変わっていきます。

「私も新人の頃は言葉遣いで散々注意されたから、大丈夫」と励ましたり、「新人の頃、起きたらお昼を過ぎてて青ざめたことがある」と失敗談を話したり。相手の本音を共有することで、一歩踏み込んだコミュニケーションが取れるようになります。

弊社のクライアントである製造業の会社で、工場に勤務する新入社員と部長たちとでカードファシリテーションをやってもらったことがあります。

その会社は業績がよく、辞める人が多いわけではありません。ただ、工場では黙々と作業をするので、上司と部下との間に壁ができている状態でした。

図2−1　上司と部下の壁が消える「カードファシリテーション」の法則

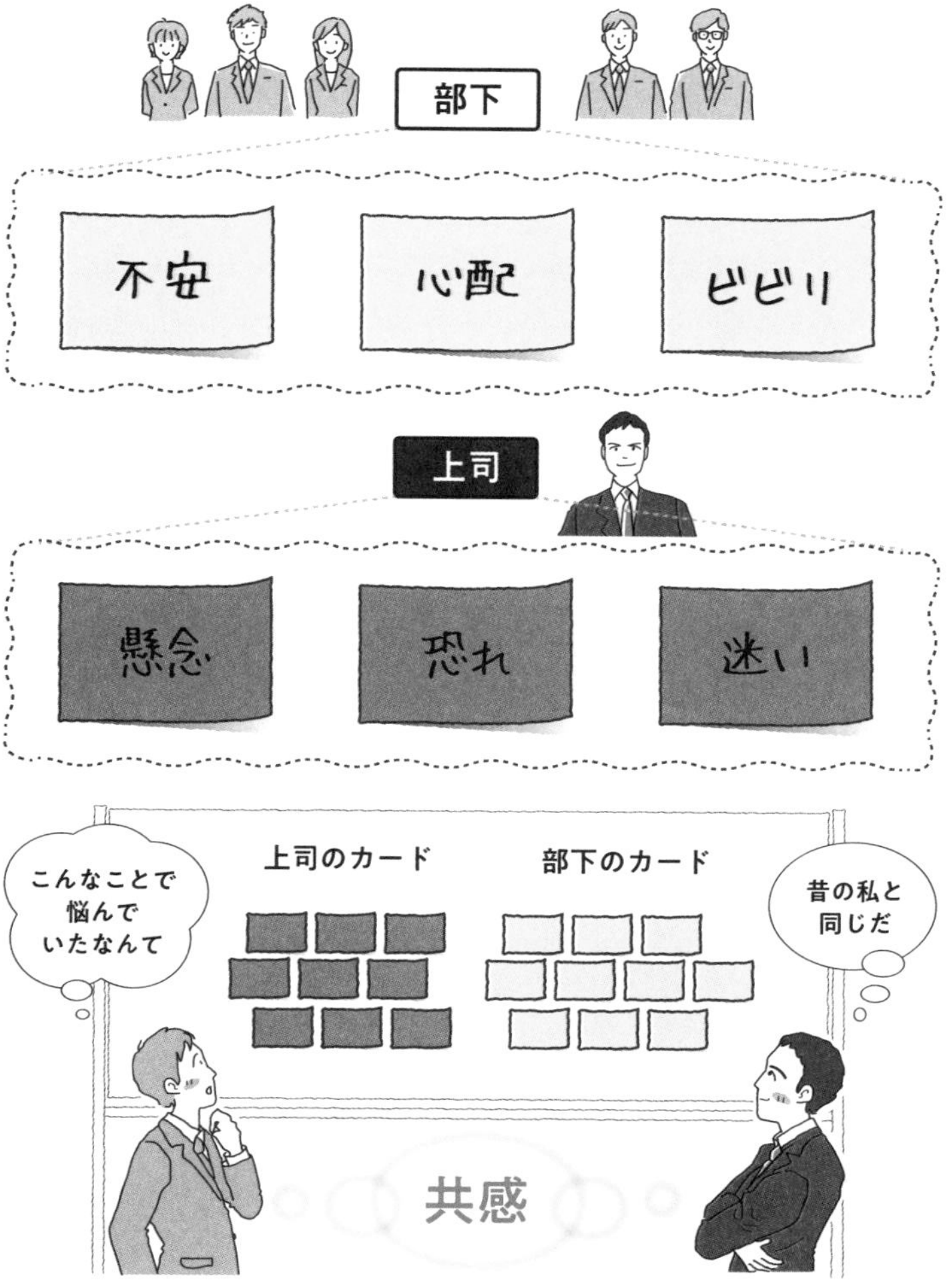

このとき、新入社員には「楽しみにしていること」「不安や悩んでいること」、部長には「仕事の喜びややりがいを感じること」「不安や悩んでいること」というテーマで付せんに書いてもらいました。

それをそれぞれのグループで模造紙に貼ってから、場所をチェンジ。新人は部長のスペースに行き、部長は新人のスペースに行き、つぶやきを読んでもらいました。

新人の悩みには、「上司が忙しそうで話しかけていいのかわからない」「何度も同じことを聞きづらい」といったつぶやきが書いてありました。

一方、部長たちが悩みでつぶやいていたのは、「新人と話が合わない」「ジェネレーションギャップがあって、どう話しかけていいのかわからない」「自分の発言で嫌われるんじゃないかと思うと怖い」などなど。

それを読んだ新人たちは、「えっ、部長たちが、俺らにそんなことを思ってるの?」と驚いていました。部長たちも、「なるほど、自分が話しかけづらいオーラを出していたのかもしれない」と気づきを得たのです。

ベテランも新入社員も、「相手に話しかけたいけど、どう話していいのかわからない」という悩みは一緒。その思いを共有したとたんに、双方の距離感は一気に縮まりました。

お題に対して一言ずつつぶやくのなら、グループＬＩＮＥでもできるのでは、と思うかもしれません。

しかし、グループＬＩＮＥだと誰が何を書いたのかがわかるので、上司が混じっていると部下は本音をつぶやけないでしょう。どんなに上司が「うちのチームは仲がいいから大丈夫」と思っていても、部下は無意識に言葉を選ぶはずです。

また、**カードファシリテーションはみんなで集まって場の空気感を共有するところにも意味があります。**そういう小さなところから信頼関係は築かれていくものです。

ただデジタルではないので、永久に残るということはありません。この消えるというところが安心材料にもなります。

付せんを貼った模造紙は、多くの企業ではそのまましばらく保管します。壁に貼ってみんなが読めるようにしている企業もあります。それもシェアリングの一つ。みんなの想いがこもった手書きの付せんを読むだけで、親近感が湧くからではないでしょうか。

歓迎会や新年会、忘年会などのイベントを通して、親睦を図ろうとする企業は多いでしょう。

私はそれだけでなく、カードファシリテーションをおススメします。

イベントでの交流は、それぞれのポジションから抜け出せないままなので、当たり障りのないことしか話せません。とくに部下は無意識に上司ウケがいいことを話そうとします。

カードファシリテーションを使うと、腹を割って話そうとしなくても、一人ひとりの本音が垣間見られます。

どんなチームでも、チーム内に立ちはだかる見えない壁が一気に消えていくのがカードファシリテーションの法則です。

2 ほめる文化が絆を育てる「ほめほめ恩返し」の法則

これはいわゆる「返報性の法則」に基づいた仕掛けです。

返報性の法則は相手から受けた好意などに対して、何かを返したくなる心理のことです。

皆さんの中にも、相手をほめたら、相手も自分をほめてくれたという経験をしたことのある方もいるでしょう。私はこれを**「ほめほめ恩返し」の法則と名付けています。**

よく、「ほめるのはみんなの前で、叱るのは一対一で」と言われています。その通りで、みんなの前でほめるから「認められた」という喜びが倍増し、周りのみんなも「なるほど、ああいう行動をすればいいのか」と勉強になる効果があります。

ほめるのがいいというのは常識になり、皆さんも耳タコになっていると思います。

しかし、実際にできている組織はどれくらいあるでしょうか。

「なんか嘘くさい」「偽善っぽい」と感じる方もいるでしょう。

自分ではいいと思っていないのにほめたら、お世辞にしか聞こえません。ムリにほめたら、言う側も言われる側も、何となく嫌な気持ちしか残らないものです。

ほめるのは、相手を理解する第一歩です。それを忘れないでください。

ほめほめ恩返しの法則を利用して、組織全員でほめ合う文化をつくると、何が起きるのか？

それを実践したのが第1章でも紹介したアウトバックというステーキ店です。

アウトバックでは、**毎日朝礼で「ほめほめタイム」を設けています。**

ミーティングや朝礼などを始めるときに、「これからほめほめタイムをします」と宣言。一人ずつ、そこに参加している人たちのいいところを1分間ほめてもらいます。

アウトバックのスタッフは一つの店舗で数十人いるので一人1分間話すと、さすがに長時間になってしまいます。そこで、リーダーが「ほめほめタイムやりたい人！」と募ると、パッと手が挙がり、「私は山田さんのことをほめたいです。昨日、私が重たい物を持っているときに、何も言わずに手伝ってくれました。すごく嬉しかったです」

図2－2　絆を育てる「ほめほめ恩返し」の法則

と報告します。それを聞いたみんなは、報告した人と山田さんに拍手を贈って讃えるのです。

最初は、円花さん（53ページ参照）が「ほめほめタイム！」と呼びかけても、反応は激薄でした。そこで、「さっき、●●さんに元気よく挨拶してもらって、朝から元気をもらえました。ありがとう！」などとスタッフをほめて拍手すると、ほめられたスタッフは照れながらも喜びます。

その様子を見ているうちに、「こんな感じでほめればいいんだ」とコツがつかめてきます。ほめたいと手を挙げる人がポツポツと増えていき、ほめほめタイムは定着していきました。

そして、**ほめほめタイムが定着するにつれ、アウトバックは劇的に変化していきました。**周りの人のいいところを見つけようとする習慣が生まれたのです。

それは自然と周りの人の行動を観察する習慣に結びつき、「相手の立場に立って考える」習慣にもなりました。

たとえば、店が混み合っていて自分が担当するテーブルのサービスが行き渡らなくなったとします。それに気づいた他のスタッフが、さりげなくサポートに入り、手伝ってくれるのです。

ほめられたいから手伝うのではなく、仲間が困っているから手伝う。ほめ合う文化をつくることで、アウトバックはどんな困難な状況でもみんなで乗り越える、結束力が強いチームになりました。

おそらく、この話を読みながら、「自分の部下には、ほめるところが一つもない」と思った方もいらっしゃるでしょう。

しかし、それは本当に部下の問題でしょうか？

私は、「ほめるところが何もない」という方には、「せめてねぎらってください」とアドバイスします。

「最近、よく頑張っているね」「おかげで助かったよ」の一言ぐらいなら、どんな相手にでも言えるはずです。もし、その一言さえ言えないのなら、上司の目が曇っているのかもしれません。資料をコピーしてもらったような小さな作業であっても、「ありがとう。助かったよ」と言ってみてください。そういった小さな積み重ねでモチベーションは上がっていきます。

「美点凝視」という言葉があります。

相手の短所や欠点に目を向けるのではなく、長所や美点に目を向けることを意味する言葉ですが、「美点凝視」は自然にできるものではないので、習慣化させる必要があります。

ほめほめタイムも一回限りではなく、毎回ミーティングでやると決めておくと、みんながチームのメンバーのいいところを見つけようと日ごろからアンテナを立てるようになります。それが認め合う文化をつくっていくのです。そして、認め合う文化が支え合い・助け合いの文化をつくります。

最初はどうしてもぎこちないでしょうし、表面的にほめるような感じになってしまうかもしれません。ここで大事なのは、「気持ちがないのにほめない」「ほめちぎる必要はない」という点です。難しく考えずに、「いつもデスクの上が片付いていて、気持ちいいね」「資料作りが上手だね」のように事実を伝えればいいだけです。

それを聞いたら、相手は素直に喜ぶはずです。そして、相手が喜ぶと自分も嬉しくなる。**ほめほめ恩返しは、自分も喜びを共有できる法則**なのです。

3 意図的に親近感をつくる「ナラティブアプローチ」の法則

アメリカの心理学者ロバート・ザイアンスは「ザイアンスの法則」と呼ばれる単純接触効果を提唱しました。

それは、「人間は面識のない相手には警戒心を持ったり、攻撃的になるもの。ただし、会ったり相手の目に触れるなどの接触する回数が増えたり、人間的な一面に触れたときにいっそう相手に好意を持つ」という心理です。

私はこの法則をもとに、「ナラティブアプローチ」という方法をつくりました。

ナラティブとは「物語」という意味で、自分の内なる物語を語ってもらう方法です。

研修で、「自分が大好きなものや、思い入れのあるものを持ってきてください」と宿題を出します。みんなが持ってきたら、それにどんな思い入れがあるのか、一人3分ずつスピーチしてもらいます。

私はこのセッションが大好きです。

なぜなら、みんなの人間的な面に触れることで「人となり」がストレートに伝わってくるからです。なかには、「実は、いつもしている腕時計は亡くなった親からもらった形見なんです」と話してくださる方もいます。

本や人形を選ぶ方もいますし、子供からもらった手紙を持ってくる方も、ユニークな例として体重計を持ってきた方もいました。

その大切なものをみんなに見せながら、「実は、母と仲が悪くて」と家族との確執を語ったり、「父親にはいつもうるさく言われていたけど、苦労して自分を育ててくれたんだなって改めて思います」などと思い出を話してくれます。

スピーチするときの表情が、またいいのです。

「妻に初めてもらったプレゼントです」と照れながらなれそめを語ったり、涙ぐみながら「自分がツラいときに何回も読み返した本です」と打ち明けてくれたり。普段、**仕事の場では見られない姿を見ると、相手への好感度が一気に上がります。**

「あの怖そうな上司が、子供の書いた手紙を宝物にしてるなんて！」と親しみがわき、チーム内の距離感が近くなります。

図2−3　「ナラティブアプローチ」をするときの質問例（4つ）

1	●お持ちいただいたものとの「物語」を教えてください いつ、どこで、どんなときに出会ったものか、など。
2	●どうして大好きなのですか? なぜ選んだのか、これを選んだとき、何を考え何を感じたのか。
3	●今の気持ちを教えてください 今ここで、それを手にとってみて、何を感じるか。 どんな思いが湧いてくるか。
4	●あなたは何を大事だとお考えでしょうか? 今ここで、自分にとって何が大事だと感じるか。

ナラティブアプローチは楽しく自己開示でき、価値観の共有もできるという2つのメリットがあります。大切にしているものには、その人の価値観が如実に表れます。

たとえば、朝礼で3分間スピーチをすることになったら、何を話せばいいのかわからなくて悩むでしょう。何もないところで「はい、しゃべりなさい」と言われても、なかなかしゃべれないものです。

ところが、物が介在すると格段に話しやすくなります。

なかには、「こんなに話すつもりはなかったのに」と自分で驚いているぐらいに、語り出す方もいます。自分の心の奥底を自然と伝えたくなるのが、ナラティブアプローチの威力です。

このアプローチは、どんな研修でも取り入れられます。

幹部候補生向けの研修で取り入れたときは、二代目の社長として周りから期待されているのが、どれだけプレッシャーになっているのかを打ち明けた方がいました。

皆さんのチームで実践するときは、リーダーの皆さんも「素の自分」をさらけ出せるような宝物をみんなに見せて欲しいと思います。

4 感動がつながりを生む「家族の手紙」の法則

「家族の手紙」は私が考案した中で、もっともエモーショナルなセッションです。

このセッションでは、新入社員が入社したら、親御さんに手紙を書いてもらうところから始まります。

これは新入社員には内緒で、人事部から親御さんに頼んでいます。

そして、研修のときに新入社員に教える立場のトレーナーに、その手紙を読んでもらいます……と、プロセスは単純ですが、皆さんが想像している以上のインパクトのあるセッションです。

最初、このセッションを始めたときは、親御さんには普通に「これから社会人になるお子さんに対して、何かメッセージをお願いします」と頼んでいました。

すると、一言二言「先輩方に迷惑をかけないように頑張りなさい」といった当たり障りのないメッセージや、俳句のようなメッセージが届きました。

「これだと新人に渡しても響かないな」と思い、情緒的なお願いをすることにしました。「お子様が巣立って社会人になって、喜びとともに少しばかりの淋しさもあるかと思います。お子様の門出にあたって私たちも一所懸命応援します。つきましては、ぜひ**お父様お母様からのお言葉をいただけないでしょうか**」のようなメッセージを人事部の担当の名前を出して、手紙で送ってもらいました。

すると、親御さんから心がこもった手紙が届いたのです。

今の若い世代は肉筆の手紙を書く経験はほとんどしていません。親御さんの世代も、メールでのやりとりが主流になっているでしょう。

そのようななかで、一所懸命に文面を考えて、何度も書き直したりしながら肉筆の手紙を書く、というその行為自体が尊いのです。美しい字で書いてある手紙もあれば、キレイな字とは言えないけれども、丁寧に書いてあるのがわかる手紙もあり、それを見ているだけで胸が熱くなります。

研修では普通に机を並べて講義していますが、このセッションを行うときは机をすべてどけて、みんなで輪になって座ります。このとき、**新入社員、トレーナー、新入社員、トレーナーと交互に座ってもらうのもポイント**です。そして、事前に気持ちが盛り上がるようなイメージ映像を見せて、場を温めておきます。

それから、「皆さんの親御さんから手紙を受け取っています」とおもむろに発表すると、当然、その場はざわつきます。

「みちるへ

みちるが生まれてきたときは未熟児でした。『この子は大人になれるんだろうか』と、お母さんもお父さんも本当に心配しました。だけど、その後すくすく育って、言葉も覚えて話せるようになって、あちこち走り回るようになって、本当にかわいくてかわいくて仕方なかったです。お父さんは、毎晩、仕事から帰って来たらあなたの寝顔をずっと見ていましたよ。小学生になり、ランドセルを背負ったみちるの姿を見て、お母さんは涙が止まりませんでした……」

このような家族からの愛情のこもった手紙を代読しながら、**トレーナーは涙で言葉が詰まります。**

手紙をもらった新入社員は涙が止まらなくなり、その光景を見て、会場の隅にいた人事部の方も涙を流します。何より、司会をしている私が一番号泣しています。そのような涙、涙のセッションなのです。

これは新入社員に「これから仕事を頑張ろう」とスイッチが入るだけではありません。手紙を読んだトレーナーにも、バシッとスイッチが入ります。

今まで新人が入ってきても、「ああ〜、今年もまた後輩の面倒を見るのか。面倒だなあ。自分の仕事もあるのに」なんて思っていたわけです。それが、親御さんの手紙を読んだときに、「ああ、この後輩はこんなにもたくさんの人に愛されているんだ。自分も本気で育てなきゃいけない」と、**親心スイッチが入る**のでしょう。

年齢に関係なく、誰にでも母性や父性はあると思います。

どんなに後輩を育てる大切さを説いて聞かせても、それはなかなか自分事として受け止められません。ところが、家族の手紙を読んだ瞬間に自分事となり、「自分が育ててあげよう」と責任感が生まれるのです。

このセッションはここでは終わりません。

図2−4　感動がつながりを生む「家族の手紙」の法則

感動的な時間を過ごしてから、新入社員には親御さんに御礼の手紙を書くように宿題を出します。封筒と便箋と切手を渡して、「24時間以内に渡してくださいね。家族と離れて暮らしている方も、24時間以内にポストに投函するように」と伝えます。新入社員のなかには、「生まれて初めて手紙を書きました！」という人も大勢います。つたないながらも、自分の気持ちを手紙に綴って、それを親御さんに渡します。私は渡すときに立ち会えませんが、照れくさそうに渡す新入社員の姿も、驚きながらも喜んで受け取る親御さんの姿も目に浮かぶようです。

やがて、手紙を受け取った親御さんから、「子供から手紙をもらえるなんて、一生の宝物になりました」と人事部に御礼状が届き出しました。

それを読んで人事部も、「ああこの仕事をやっていてよかった」と感激して、自分の仕事の意義を実感したそうです。

このように、あちこちで幸せな嵐を起こせるのが「家族の手紙」というセッションです。

このセッションを導入した企業では、離職率がガクンと下がりました。トレーナーが家族のように一所懸命育てるので、新入社員は「ずっとここで働きたい」と思い、トレーナーもまた教える喜びに目覚めるのでしょう。

親御さんがすっかりその会社のファンになっているのも大きなメリットです。子供が「仕事がツラいからやめようかな」と言ったら、「あんなにいい会社、ないのでは？もうちょっと頑張りなさい」と引き留めるストッパーになりました。

人は感動を体験したら、ちょっとやそっとではその場から離れられなくなります。

皆さんも感動を共有できる場をつくってみてください。

＊なお、このセッションを行うときは、親御さんから「手紙をみんなの前で読んでもいい」という許可をいただいています。ただ最近は、親からの手紙を人前で読まれたくないという新人もいます。その場合は全員の前ではなく、個別に読んでもらうケースもあります。

5 いい社内評判で尊敬の念をつくる「ほめ言葉・バタフライエフェクト」の法則

私はリーダーシップ開発の研修の一環で、参加者を集めて「理想の上司」というセッションを行います。それは自分が部下から評価されているのかどうかを確認できる、とっておきの方法です。

リーダーは、誰から評価されるものでしょうか?「自分の上司から」という答えも間違いではありません。私はそれ以上に、部下から評価されるものだと考えています。どんなに上司ウケがよくても、部下に評価されていないリーダーは、「リーダーもどき」といっても言い過ぎではないと思います。

このセッションは、参加者に「あなたにとって尊敬する上司はどなたですか?」「なぜ、その上司を尊敬できるのですか?」と尋ねます。

「山田課長は部下に優しい」「佐藤先輩は説明が上手」「森先輩は仕事が早い」などの

意見が出てきたら、それをホワイトボードに箇条書きにしていきます。

そのうえで、「そのリーダーに、どうしてそういうことができるようになったのか、20分間インタビューしてきてください」と宿題を与えるのです。

すると、新人はそのリーダーのもとに行き、「佐藤先輩はなぜ説明が上手なんですか？」などと尋ねます。

リーダーはいきなり部下や後輩が自分のところに来ただけで、「なんだ、なんだ？」と戸惑います。そこで理想の上司の説明を聞いて、「佐藤先輩にインタビューに来ました」と告げられたら、「えっ、俺が理想の上司なの？」と大喜びします。インタビューは20分に設定していますが、たいてい上司は30分どころか1時間ぐらい嬉々として語ってくれます。

インタビューを終えたら、みんなでどのような話を聞いたのか、報告会をするところまでが、このセッションです。

これはリーダーを一人だけ選んでもいいですし、一人ひとりが自分の理想のリーダーのところにインタビューしに行っても構いません。

このセッションは最初は蝶の羽ばたきのような小さな動きが、やがてうねりになり

大きな変化を生むバタフライエフェクトのように社内に広がっていきます。

人はみな、いい話を聞いたり感動的な体験をすると、他の人に話したくなります。「僕も若い頃は全然仕事ができなかったんだよ。そのときに諦めずに教えてくれた上司がいたんだ」のような過去のエピソードに心を動かされたら、「田中部長って、こんな経験してるんだって」とみんなに話したくなるでしょう。

自分が感動したいい話は、テンション高めで報告するものです。その熱が話を聞いた側にも伝わり、今聞いた話を誰かにしたくなる。そこで自分の部署に持ち帰って、「先輩、田中部長の新人の頃の話、知ってますか?」と伝えたくなる。そうすると、「私も新人のときに、田中部長に優しくしてもらったんだ」と、**「陰ほめ」が起きます。**

そうやっていい話が思わぬところでどんどん広まっていき、リーダーの評判をますます高める効果があるのです。

私は、これを「ほめ言葉・バタフライエフェクト」の法則と呼んでいます。

インタビューを受けたリーダーのモチベーションが上がるのは言うまでもありません。佐藤先輩であれば、さらにお客様や部下に対して丁寧に説明するようになるでしょうし、それが関係の質を高める効果につながります。

図2－5　「ほめ言葉・バタフライエフェクト」の法則で関係が良くなる

あるいは、「ぶっちゃけ、自分は田中部長が苦手だったけど、そういう面もあるのなら、ちょっと好きになれそうだな」と、セッションに参加した部下の意識も変わってきたりします。そうやって関係の質が改善されていくのです。

さて、これを読みながら、「自分が選ばれなかったらどうしよう」と思うリーダーは多いのではないでしょうか。自分の部下が他のリーダーにインタビューしている様子を見ていたら、穏やかな心境でいられなくなってもムリはありません。

理想の上司に選ばれなかったとしても、それは大きな収穫だと考えてください。今の自分に何が欠けているのかを考えて、そこを補うべく努力すればいいだけです。いずれ、自分も理想の上司に選ばれる日が来ると思いますし、そうやって人は成長していくものだと思います。

なお、このセッションは最後に「3年後同じ研修をみんなの後輩がやったときに、みんながこのインタビューを受けられるリーダーになるのが宿題です」と締めます。**自分の理想のリーダーを早い段階で見定めておくと、自然と自分は理想に近づこう**とします。種まきをして3年かけて育てる効果もあるのです。

6 居心地のいい場が信頼関係を築く「オープンマインド」の法則

これは心理学では「自己開示の返報性の法則」と呼ばれていて、簡単に言うと、「まず自分から心を開くと、相手も心を開いてくれる」という効果です。

私はこの法則を用いて「チェックイン」という方法を推奨しています。

チェックインとは通常、搭乗や宿泊の手続きをとることを意味しますが、ここではミーティングなどを始める前の手続きという意味を込めています。

シェアリングリーダーになるには、部下がどのような悩みを抱えているのかを共有するのが大事です。とはいえ、部下に対して「何か悩みはない？　いつでも相談してね」と声をかけても、そう簡単には心を開いてくれないでしょう。

そこで試していただきたいのが、「チェックイン」です。

方法は簡単で、ミーティングの初めに「最初にチェックインをします。一人ひとり、今、気になっていることを何でもいいので30秒ぐらいで報告してください」と促すだけです。慣れてくると、「これからチェックインします」だけで話が通じるようになります。**話すテーマは限定せず**、嬉しいことでも悲しいことでも怒っていることでも、悩んでいることでも**何でもアリです。**

最初は何を話せばいいのかわからず、「今担当している案件の納期を守れるか、気になっています」のような当たり障りのない話しか出てこないかもしれません。

けれども、慣れてくるといろいろな話が出てきます。

「息子を保育園に預けてるんですけど、よく園から迎えに来て欲しいと連絡がくるので、今日は無事に過ごせるかどうか気にかかっています」

「今日は仕事が終わったらライブに行くことになっているから、絶対間に合うように仕事を終わらせるつもりです」

今はライフスタイルが多様になって、共稼ぎの世帯も増えました。

子育てをしながら働いている女性は、ビジネスパーソン以外に妻や母としての顔もあるので、その人生をみんなで認め合わないと働きづらくなってしまいます。子供を保育園に迎えに行くために時短勤務をしている社員に対して、「そのしわ寄せが周りにくるから迷惑だ」などと思っている人がいたら、そのチームの足並みはいつまで経ってもそろいません。

だから、チェックインで会社以外の場でそれぞれの社員がどのような生活を送っているかを垣間見られたら、「いつも大変そうだな」と、相手への理解が進みます。

とくに、リーダーは部下との日ごろのコミュニケーションが大事だと言われています。そうはいっても、自分の仕事に追われて、なかなか部下と話す機会がないリーダーも多いでしょう。

そういう場合も、チェックインをしてみると、部下のちょっとした悩みや仕事でぶつかっている壁、最近のマイブームなど、さまざまな素顔に触れられます。**コミュニケーションは高い質と回数で決まります。**ほんの30秒でも相手を理解するためのきっかけになります。

チェックインを始めたのは、みんないろいろな事情を抱えてミーティングに参加しているので、話し合いに集中できない場合が多いからです。

たとえば、クライアントとトラブルになっていたら、「どう対処しようか」と頭がいっぱいになり、目の前の議題には集中できないでしょう。家族とケンカした、上司に叱られた、ゲームを深夜までしていて寝不足だなど、さまざまな難関が日常生活には立ちふさがります。

モヤモヤした気持ちを抱えたままだといい議論ができないので、最初に吐き出してもらい、気持ちを切り替えてもらうためには、チェックインが有効です。

また、**本音を吐き出してもらっても、そこで深掘りはしていきません。**

「そうなんだ、大変ななか、参加してくれてありがとう」という感じで、次に移ります。

ここで深掘りするとミーティングの目的とずれてしまうので、**もし気になる発言があったのなら、場を改めて二人きりで**話を聞いたほうがいいでしょう。

チェックインは、リーダーから始めると他の人も発言しやすくなります。

リーダーが「今日は電車で寝過ごしちゃって、クライアントとの打ち合わせに5分遅れちゃったよ」と開示したら、みんな親しみを感じるでしょう。そうすれば、心を開いていろいろな話をしてくれるようになります。

また、最初に全員で発言することで、会議中に発言しやすくなる効果もあります。

図2－6　「チェックイン」から始める「オープンマインド」の法則

いくら「会議ではみんな発言しよう」と提案しても、発言したくない人は自分からは口を開きません。かといって、「一人一回ずつは発言すること」とルールを決めると、とたんにやらされ感が生まれて、ますます会議への苦手意識が生まれます。

チェックインは「何でもいいから話していい」という雰囲気をつくれるので、会議という場への苦手意識が薄れるのです。

ミーティングの冒頭であまり重い話をしたくないなら、「ハッピーニュースタイム」という方法もあります。これは24時間以内、あるいはこの1週間で起きたハッピーな出来事を一人ずつ、30秒ぐらいで話してもらう方法です。

「先週、孫が生まれました」「通勤途中に桜の花が咲いているのを見つけました」という具合に、ハッピーな出来事は話しやすい傾向があります。

ハッピーニュースを習慣にすると、日ごろからハッピーなことを探そうとするアンテナが立つようになります。みんなで共有すれば、それだけで明るい職場になります。

そうやって**一人ひとりの居心地のいい場をつくれれば**、仕事に対するモチベーションも変わってくるはずです。

7 失敗を上手に変換する「ポジティブエンド」の法則

コロナ禍で緊急事態宣言が出ていた頃は、私の会社でも多くの研修が延期になり、地方のクライアントのところにも自由に足を運べなくなり、売上が一時期落ち込みました。

すると、社員たちも「いつまでこんな状況が続くのか……」とどうしてもネガティブな思考になっていきます。

そういう場面でも、私は何かしら光明を見出して、それを言葉にします。

「苦労だと一見思えることが、うちの組織を強くするから、大丈夫だよ。健康で働けるからこそ、さまざまな経験ができるし、苦しい経験が自分たちをさらに成長させるから、お客様にもまた選んでもらえるようになる。今はそのための力を蓄える時間なんだ」

このような可能性や希望を見いだせるような言葉で締めくくると、社員も「よし、今自分にできることをしよう」とポジティブになれるのです。

社員が大きな失敗をしても、「大丈夫、大丈夫。失敗はプロテインだよ！」「挫折、失敗、理不尽なこと、うまくいかない、野次、クレーム、全部何て読むか。『成長』って読もう！」と、めちゃくちゃ前向きなメッセージを伝えます。

私が研修や社内のミーティング、社員との面談など、**あらゆる場面で心がけているのが「ポジティブエンド」の法則です。**

「終わり良ければすべてよし」は心理学的にも実証されています。

行動経済学者のダニエル・カーネマンが提唱した「ピーク・エンドの法則」は、人は**もっとも感情が動いたとき（ピーク）の印象と、一連の出来事が終わったとき（エンド）の印象だけで、**その経験の印象を決定するという法則です。

だから、どんなトラブルがあってもバッドエンドではなくポジティブな状況で締めくくれば、それは黒歴史にはならないということです。

失敗をして落ち込んでいる部下に、「なんで、そんなことをしちゃったの？」「どこに原因があると思う?」と問い詰めたら、追い込むだけで何の解決にもなりません。むしろ、沖縄の「なんくるないさ〜」の精神で、「大丈夫、たいしたことないよ」「何とかなるよ」と励ますほうが、部下の動揺は収まるはずです。

失敗の分析は後でいくらでもできますし、どんな問題にもたいてい解決策はあります。だから、**失敗そのものにフォーカスするより、まず相手の気持ちを前向きにさせるほうが大事**だと私は思います。そのほうが、部下も何とか解決しようと気持ちを切り替えられます。

ところで、「なんくるないさ」は「何とかなるさ」という意味で使われることが多いですが、本来は「まくとぅそーけーなんくるないさ」という決まり文句で使われる言葉だそうです。

まくとぅそーけとは、「正しいこと、真(誠)のことをすれば」を意味する言葉。「挫けずに正しい道を歩むべく努力すれば、いつか良い日が来る」というのが本来の意味だそうです(「琉球新報」2013年1月17日より)。

そう考えると、「なんくるないさ」と一言かけるだけで、深い励ましをしていることになります。

私はとにかくポジティブな場づくりに命を懸けています。

そのうち、「ポジティブ親善大使」に任命されるかもしれません（笑）。

たとえば、研修でチームごとに話し合ってもらう場では、それぞれのチームで進行役を決めてもらいます。

そういう場合、たいていはじゃんけんで負けた人がなるものですが、それだと罰ゲーム感が強くなり、負けた人は「えー、オレがやらなきゃいけないの？」とテンションが下がってしまいます。

たった一人でもネガティブな気持ちにしてしまうのはイヤなので、私はじゃんけんで勝った人に進行役になってもらうようにしています。進行役という経験をチャンスととらえて欲しいからです。

勝ち進んだ人は「あー、勝っちゃった～」と言いつつも、自分の強運が呼び寄せた結果なので、それほど悪い気はしません。そうすると、議論も和気あいあいと盛り上がります。

部下が失敗を糧にできるのか、それとも立ち直れないほどのダメージを受けるのか。

それは、上司の対応によって変わるのだと考えましょう。

図2－7　**チームの絆を深める「ポジティブエンド」の法則**

実際には、激しく落ち込んでいる人に励ましの言葉をかけても、それを受け止めるほどの余裕がない場合もあります。

そうだとしても、周りが懸命に励ましてくれたという記憶が残れば、その出来事はいつか誰かに語れる武勇伝に変換されるかもしれません。

周りのみんなが敵に回っても、自分だけは味方だという姿勢を示すためにも、リーダーはポジティブな言葉をかけ続けましょう。

8 違いを認め合う「D・i・S・C理論」の法則

ここまでの項目でほめることを推奨してきましたが、必ずしも誰もがほめられたら喜ぶとは限りません。

ほめられたら素直に受け止める人もいれば、「何か裏があるんじゃないの？」と勘繰る人もいます。本当に、人を理解するのは難しい。私もまだまだ勉強中です。

たとえば、「今週は3日間、終電でさあ」のように忙しぶる人に、「一体いつ寝てるんですか⁉」とほめたら喜ばれるでしょう。

けれども、毎日定時で上がるように仕事を効率的に進めている人にこの一言を言ったら、「遊びすぎじゃないって思われているってこと？」と心外に感じるはずです。

仏教で「対機説法」という言葉があります。これは、仏陀が教えを説示する場合、その相手の精神的能力や性質などに応じて理解できるように説法するという意味です。

リーダーはまさに「対機説法」のスタンスですべての部下に向き合わなくてはならないのだと考えましょう。

そうはいっても、相手がどのような感情を抱いているのかは、超能力者でもなければわかりません。

そこで判断基準の参考になるのが「DiSC理論」です。

「DiSC理論」は、アメリカの心理学者であるウィリアム・マーストン博士が100年も前に提唱したコミュニケーション理論です。時代は変わっても、人の本質はほとんど変わらないところが興味深いです。

DiSCは次の単語の頭文字をとった言葉で、人のキャラクターを大まかに4タイプに分けています。

Dominance（支配型）：支配的なリーダーシップをとる、ジャイアンのようなタイプ。責任感と行動力はあり、頼りがいはありますが、他の人と協調するのは苦手な傾向があります（以下、Dタイプ）。

influence（感化型）：社交的でコミュニケーション力が高く、チームのムードメーカーになるタイプ。発想力も優れていますが、ルーティンワークのような単純な作業を苦手とします（以下、iタイプ）。

Steadiness（安定型）：**協調性があり、場の調和を重んじるタイプ**。コツコツ地道に努力するのを厭いません。思いやりがあり、人を立てるのは上手ですが、変化を嫌い、新しいことにチャレンジしたりリスクを取るのを避ける傾向があります（以下、Sタイプ）。

Conscientiousness（慎重型）：**正確さや完璧さを重んじるタイプ**で、論理的で合理的な思考の持ち主です。データを重んじる一方で、あいまいなことや感情論を受け入れられず、自分が納得するまで行動に移せない面があります（以下、Cタイプ）。

【タイプ別ほめ方】

・Dタイプ：自分が一番でありたいと考えているタイプなので、「あなたが一番すごいよ」「君に任せてよかった」「リーダーシップがあるね」とほめると喜びます。

・iタイプ：このタイプは承認されたいという欲求が強いので、どんなほめ方をしても基本的には大喜びします。「アイデアが豊富だね」「センスがいいね」のように発想力や感覚をほめると、強く響くでしょう。

・Sタイプ：「この間の資料、クライアントに好評だったよ。ありがとう」と感謝の言葉と共に、具体的に何がよかったのかを伝えると安心してもらえます。

・Cタイプ：このタイプはほめられても「なんでほめるんですか？　どこがほめるポイントだったんですか」と素直に受け止められません。さらに、「エビデンスはなんですか」「どこからそう感じたんですか」と、ほめた相手を質問責めにする可能性もあります。

ですので、「あなたにこの作業を任せたことで、生産性が30％もアップして助かったよ」のようにデータなどを交えて具体的にほめるといいかもしれません。

【タイプ別励まし方】

・Dタイプ：「あなたに全部任せるから」と一任すると、やる気マックスになります。

・iタイプ：「あなたなら、やればできます」と励ましたら、「え、そうかな」とすっかりその気になります。

・Sタイプ：マニュアルなどを渡して、「この通りにやったらできますよ」と言ったら安心して行動に移すでしょう。

図2−8　異質なメンバー同士が認め合うための「DiSC理論」の法則

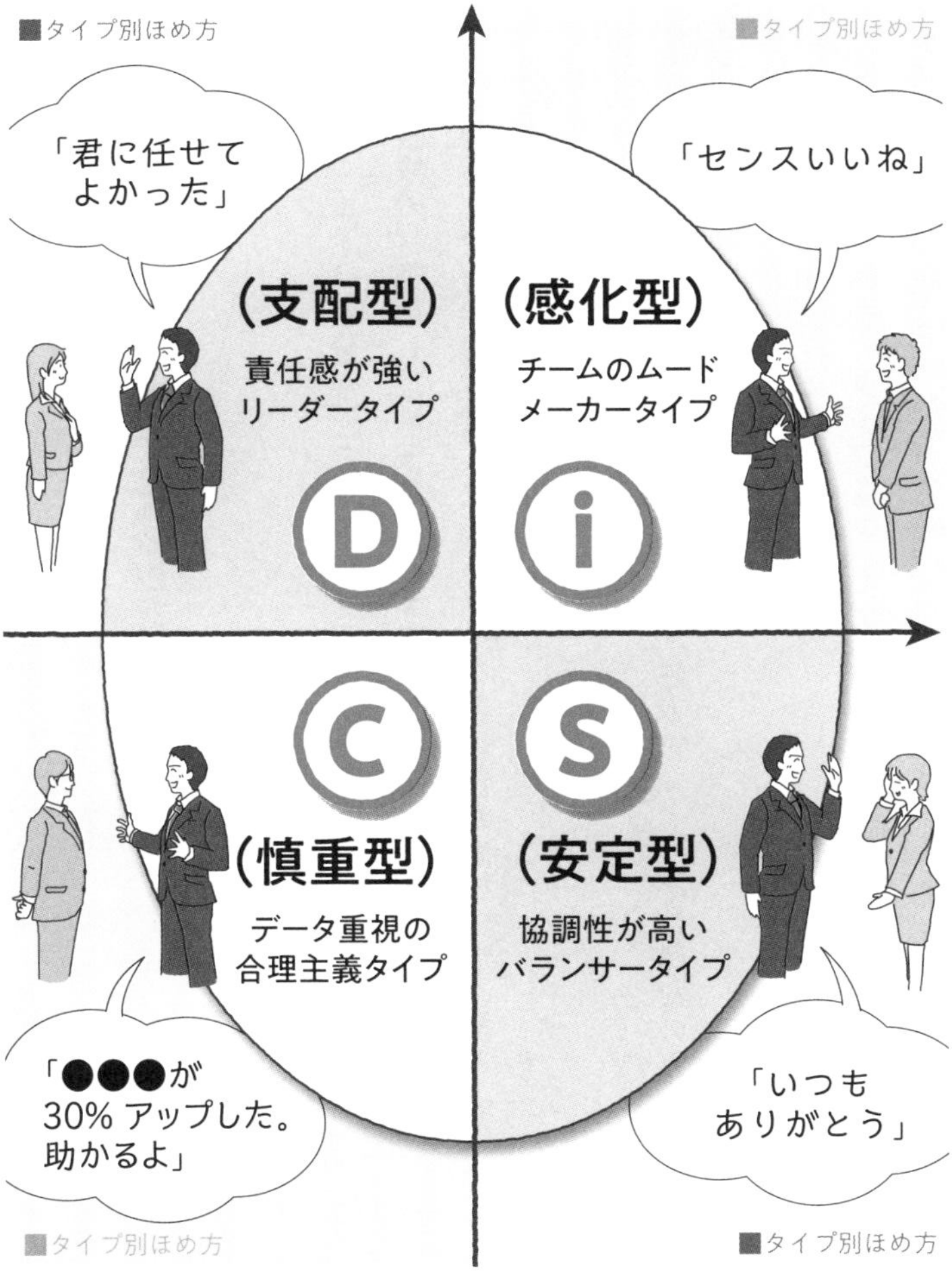

・Ｃタイプ：このタイプは分析が大事なので、「やればできるよ」と抽象的な励まし方をしても響きません。「20年前の論文でこんな発表があるよ」のようにエビデンスがあると、「それならやってみる価値がありますね」とすんなり受け止めます。

使い方として、まずは自分が何タイプになるのかを判断します。次に、部下が何タイプなのか、普段の言動をもとに振り分けます。

基本的に、対極（対角線の位置）にあるタイプとは仲が悪いので、部下に自分と対極のタイプがいたら用心しましょう。知らず知らず、部下に冷たく当たったり、遠ざけようとしているかもしれません。

自分が親しみを込めて話しかけても、相手が無表情だと「不機嫌なのか？　せっかく話しかけてるのに」とイラっとするかもしれませんが、「Ｃタイプなら、これが日常モードかも」と受け止められます。

気をつけたいのは、相手のタイプを強引に変えようとしないこと。

Ｓタイプにリーダーシップが足りないからと、ムリヤリＤタイプやｉタイプに近づけようとしたらつぶれてしまいます。Sタイプには Sタイプなりのリーダーシップの方法があるので、それを一緒に見つければリーダー的な役割も担えるようになります。

DiSC理論は、4タイプを判断するための診断テストがあるので、本格的に調べたいなら研修の受講をおススメしますが、まずは、ざっくりと理解する程度で充分です。

実際には、ハッキリと4タイプに分かれているほうが珍しく、DiタイプやSCタイプのように、グラデーションがあるものです。

ですので、相手を決めつけないように。

「この人はDタイプだから、リーダー的な役割を任せたら張り切るだろう」と思っても、Sタイプの要素を含んでいて、本当は人の上に立つのを好まないかもしれません。

人によってやる気スイッチや嬉しいスイッチが違うことを理解するために、DiSC理論は役立ちます。

大事なのは、**相手に興味や関心を持って、相手の価値観を理解しようとする姿勢で**

す。そういう姿勢があれば、相手にも伝わるので、自分を受け入れようとしてくれるのではないでしょうか。

＊ＤｉＳＣ®はＨＲＤ社の登録商標です。

第3章

「思考の質」を高める法則

0 リーダーは「チャッカマン」になれ

「物には可燃性、不燃性、自燃性のものがあるように、人間のタイプにも火を近づけると燃え上がる可燃性の人、火を近づけても燃えない不燃性の人、自分でカッカと燃え上がる自燃性の人がいます」と語るのは京セラ創業者の稲盛和夫氏です（稲盛和夫オフィシャルサイトより）。

これをいわゆる「2：6：2の法則」に当てはめると、自燃人が2割、可燃人が6割、不燃人が2割になるという人もいますが、私としては自燃人を10割にするのを目標にしたいところです。

一昔前の若年層向け研修は体育会系のノリが普通でした。

浜辺をマラソンさせて海に向かって社訓を叫ばせたり、泊まり込みで朝から晩まで研修を受けさせて、ささいなことで上司が「お前ら、何やってるんだ！」と怒鳴って、精神的に追い詰めていったり。社会に出たらトラブルも多く、理不尽な思いをすることも多々あるので、メンタルを鍛えるという目的でどこの企業もやっていました。

何を隠そう、私も鬼教官をしていた過去があります。

「私はこんな弱みがあります！」「だけど、この研修でそこに気がついたので、これからこうやって直していきます！」と、一人ずつ大声で宣言するような研修でした。

それに対して、「そんな小さな声じゃ、伝わらない！　やり直し！」と何度も命じるのが私の役割でした。懸命に大声を出しても、「全然足りない」とOKを出しません。

心の底から「本気さ」を感じられたときだけ、ようやく「合格」を出していました。

すると、その達成感で、「みんなで苦しみを乗り越えたね」と同期の一体感が生まれるのです。お決まりのように海辺の施設での研修だったので、息抜きのために浜辺に行き、みんなで写真を撮って思い出づくりもしました。

しかし、それでメンタルが鍛えられて、チームの一体感が生まれても、一時的なものです。研修がハードであればあるほど辞めていく人が多かったので、「何のためにやっているんだろう」と疑問に感じていました。

以前はそういう研修をしていたのですが、最近では求められることもなくなりました。

私は、「誰も仲間外れにしない」をモットーにして自分の会社を経営していますし、クライアントにもそうアドバイスしています。キレイゴトのように感じるかもしれませんが、私は誰一人として諦めたくないのです。

リーダーが「この人は不燃人だから、何をしてもムリだろうな」と諦めてしまったら、その部下は一生不燃人のままかもしれません。不燃人は、元々の性格や育ってきた環境などによるところも大きいでしょうが、自らそうなりたいと望んでいる人はいないはずです。

これに加えて、周りの人の火を消してしまう「消燃人」もいると私は感じています。消燃人にしても、なぜ自らの火だけではなく、周りの人の火まで消そうとするのか、その原因を探れば解決策が見つかることもあります。

つまり、消燃人であっても、コミュニケーション次第で心に火をつけることはできるのです。強く燃えさかる自燃人まではいかなくても、ほのかな火をともす自燃人にはなるでしょう。

図3−0　リーダーは心に火をともすチャッカマンになろう

稲盛氏は、「自ら燃えるためには、自分のしていることを好きになると同時に、明確な目標をもつことが必要」とも語っています。

現実的には、自分のやりたい仕事ばかりできるわけではありません。それでも、その仕事に意義ややりがいを感じたら、きっと心に火が灯るでしょう。

私の今までの経験では、組織に自燃人が増えてきたら、それ以外の人も自燃人になっていきます。

自燃人が楽しそうに働いている姿を見ているうちに、知らず知らず感化されていくのでしょう。そうなれば、リーダーが手取り足取り指導しなくても自燃人が育っていきます。自燃人を育てると、リーダーが将来的にラクになれるのが最大のメリットです。

この章では、部下を自燃人にするための思考の法則を紹介します。

リーダーは不燃人や消燃人の心に火を灯す、「チャッカマン」であるべきだと、私は考えています。そして、自らの心の炎も、誰よりも強く燃やし続けていただきたいと思います。

1 人と人をつなげる接着剤「心に刺さる理念」の法則

「皆さんの会社の理念は何ですか？」

この質問にすぐに答えられない人の会社は、理念が本来の役割を果たしていないのでしょう。

私は、**理念は社員をまとめる接着剤**のような役割であり、**進むべき道を示すもの**だと考えています。人と人とをくっつけて、人と組織をまとめる。本物の理念にはそのような力があります。

お金を稼ぐのが働く目的なら、今の会社ではなくても、他の会社でもいいでしょう。だから高額の給料だけでは社員を繋ぎとめてはおけません。

社員は一人ひとり育ってきた環境も、出身地も、親兄弟などの家族構成も異なります。お金に関する考え方も、人生観も、学歴も、性別も、趣味も、多種多様です。**背**

景や価値観が違う人々をつなげられるのは、ただ一つ、理念だけです。理念が社員の思考をつくっているのだと言えます。

いわば私たちはジグソーパズルのピースのようなもので、出っ張っているところもあれば、引っ込んでいるところもある。

一つのピースではパズルを完成させられませんが、お互いの長所短所を補いながら接着することで、パズルを形作っていけます。

それは私も同じで、私の長所で社員をフォローし、短所は社員がフォローしてくれます。

ピースを組み合わせて接着するときに、理念によって一つのビジョンにまとまっていけるのです。

ところが、多くの企業は理念を掲げていても社内はバラバラになっていることが珍しくありません。理念は立派なのに離職率が高い企業もあります。

それは理念をつくったものの組織に浸透していないのか、本気で理念を実現しようとしていないのか、理念のつくり方に問題があるのでしょう。

図3－1－1　「心に刺さる理念」の法則でバラバラな社員をまとめる

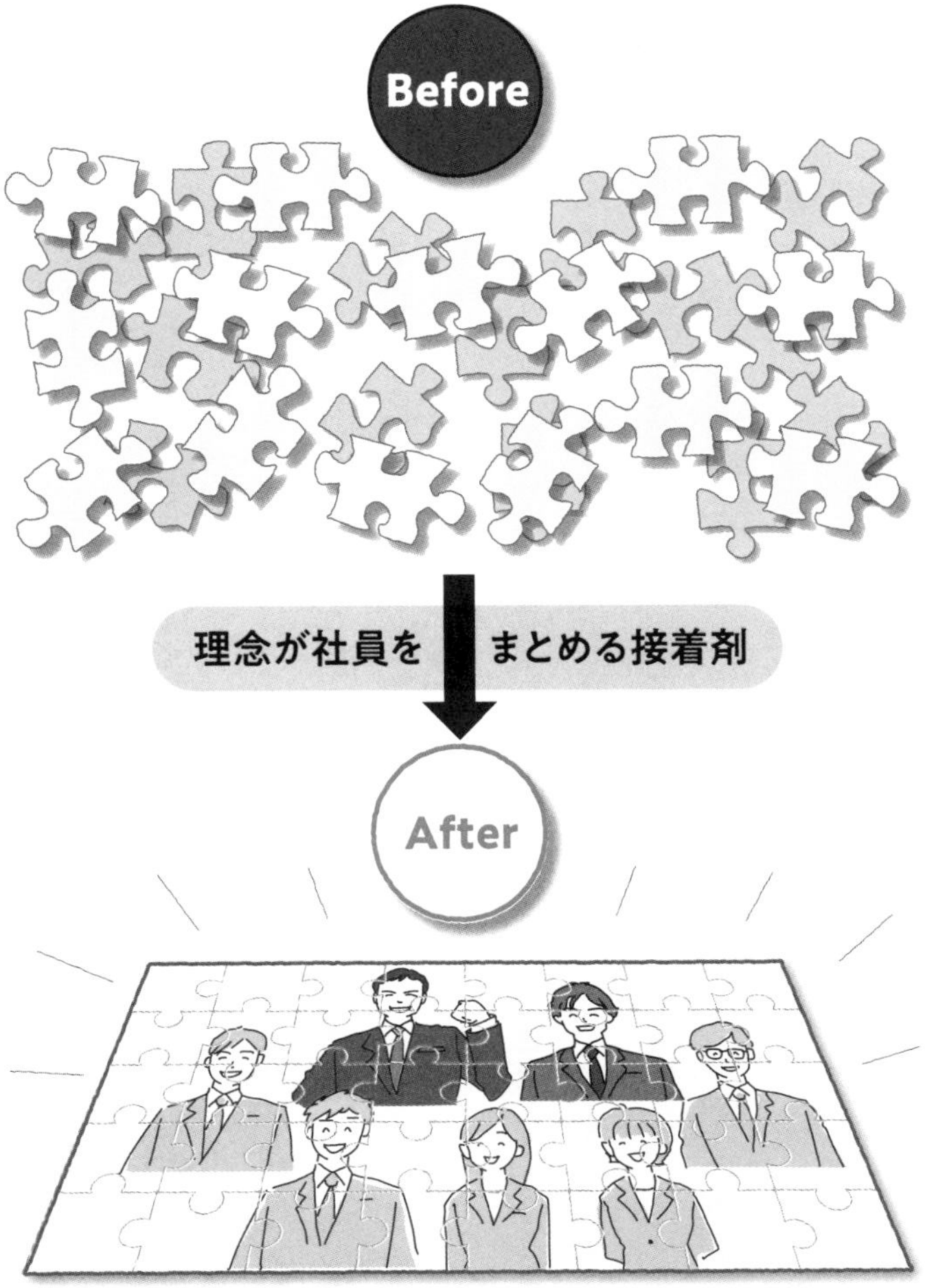

私は「いい会社」には必ず本物の理念がある、という法則を見つけ、「理念経営」「理念型育成®」を掲げて研修を行ってきました。

多忙な毎日のなかで、私たちは、どのような方向性に向かっているのか、なぜ仕事をしているのか？

それをぼんやりとイメージするのではなく、言語化し明文化すると、ビジョンが明確になります。ビジョンが明確になるとチームの進むべき方向性がわかり、目先の行動ではなく大局を見た行動計画が立てやすくなります。

また、判断軸ができるので、意思決定も早くなります。

そして目指すゴールが一致していると社内の結束力が高まり、一人ひとりの社員に使命感や熱意が生まれます。その熱が社外の人にも伝わり、その会社や社員のファンが増えていく効果が生まれるのです。本物の理念が浸透している企業は、クライアントや顧客をも企業にくっつける力があります。

なお、既に理念をつくっている企業でも、時代の流れに合わせて理念を練り直すのは珍しくありません。最近では、伊藤忠商事が企業理念を「三方よし」に改訂して話題になりました。

理念は数年でつくり直すものではありませんが、社内の意識合わせのためにも10年に一度ぐらいは見直してもいいかもしれません。

理念経営は、全社員で理念を策定するのが重要なポイントです。

ここで、私が実践している本物の理念をつくるための5ステップを紹介します。

よく経営幹部だけで理念を策定する企業もありますが、それだと勝手に上層部で決まった言葉が下りてくるので、社員は腹落ちしません。

社員が500人の企業でも、1万人の企業でも、やることは同じです。

ステップ1：価値観の発見

まず全社員にアンケートを取って、キーワードになる言葉を探すステップです。ここで全員参加にして決定プロセスに関わることで、自分事感が強くなります。

主にアンケートで聞くのは次の2点です。

質問① 私たちの会社が大切にしている価値観は何だと思いますか？

質問② あなたが大切にしている価値観は何ですか？

自社の価値観と自分の価値観を言語化するのが、アンケートの目的です。

このアンケートを通して、**多くの社員から出る同じ言葉が、その会社の社風を表していることが見えてきます。**

ある製造業の会社では、「安心安全を徹底している」「高品質を提供する」といった言葉がアンケートでは多く見られました。それがその会社の社風であり、日ごろ社員はそれに従って行動しているのだとわかります。

その大切にしている想いを理念にします。たとえば「安心安全な製品で社会貢献をする」のような理念をつくれば、社員の意識がまとまりやすくなるでしょう。

このステップは第1章で紹介したカードファシリテーションの方法を使って、**みんなでワイワイと付せんに価値観を記入してもらって見せ合うと、**想像以上に盛り上がります。

宿題として、一人当たり10〜20個の価値観を書いてきてもらってもいいですが、チームビルディングの観点から、同じ場所で、同じ時間を共有することをおすすめしています。

図3−1−2 「心に刺さる理念」の法則ステップ1：価値観の発見

質問

① 私たちの会社が大切にしている価値観は何だと思いますか？

② あなたが大切にしている価値観は何ですか？

価値観を付せんに書き込み、見せ合う

ステップ2：存在意義の発見

「存在意義」というと難しく感じるかもしれませんが、要は「私たちは誰のために仕事をしているのか」を見つめ直すことです。

理念をつくるうえで、自分たちは世の中にどのように貢献したいのかを考えなくてはなりません。それはお客様やクライアントにとっての自分たちの在り方を考えることでもあります。

①お客様が、私たちを選んでくださる理由は何だと思いますか？【現在】
②お客様から期待されていることは何だと思いますか？【未来】

この2問を、ステップ1と同じようにアンケートやカードファシリテーションを用いて、みんなで意見を出し合います。

お客様に直接、インタビューをするのも良い方法です。何に喜んでくださっているのかを知ることは、モチベーションアップにもつながります。日常的にお客様と接点のない部署（事務職や工場勤務）の社員でも、お客様の声を知る機会になります。

図3－1－3　「心に刺さる理念」の法則ステップ2：存在意義の発見

質問

①お客様が、私たちを選んでくださる理由は
何だと思いますか？

②お客様から期待されていることは
何だと思いますか？

なぜ、弊社の商品を
ご購入いただけるの
でしょうか？
それは、
もちろん
………

お客様に直接インタビューしてみよう

ステップ3：理念の決定

ここでいよいよ、理念を言語化するプロセスに進みます。

難しく考える必要はなく、ステップ1、2で多く使われていた言葉をキーワードにして、みんなが考える「いい会社」を表現するのだと思ってください。

ここでもみんなで考えることがポイントです。

理念をいざ言語化しようと思っても、今までつくったことがなければ、なかなか思いつかないかもしれません。その場合は、他社の理念を調べて参考にしてみるとイメージが湧いてきます。方法としては、一人ずつ自分の好きな会社を10社ピックアップして、その10社はどんな理念や行動指針をつくっているのかを調べてきてもらいます。

それを会議で発表すると、「なるほど、こうやって言語化すればいいのか」と見えてくるのです。

キヤノンは「共生」と一言でビシッと決めていて、トヨタは「1.内外の法およびその精神を遵守し、オープンでフェアな企業活動を通じて、国際社会から信頼される企業市民をめざす」といった長文の理念を7つも掲げています。

それらを調べてみるだけで企業ごとの個性が表れていて、「トヨタっぽいよね」な

図3－1－4　「心に刺さる理念」の法則ステップ3：理念の決定

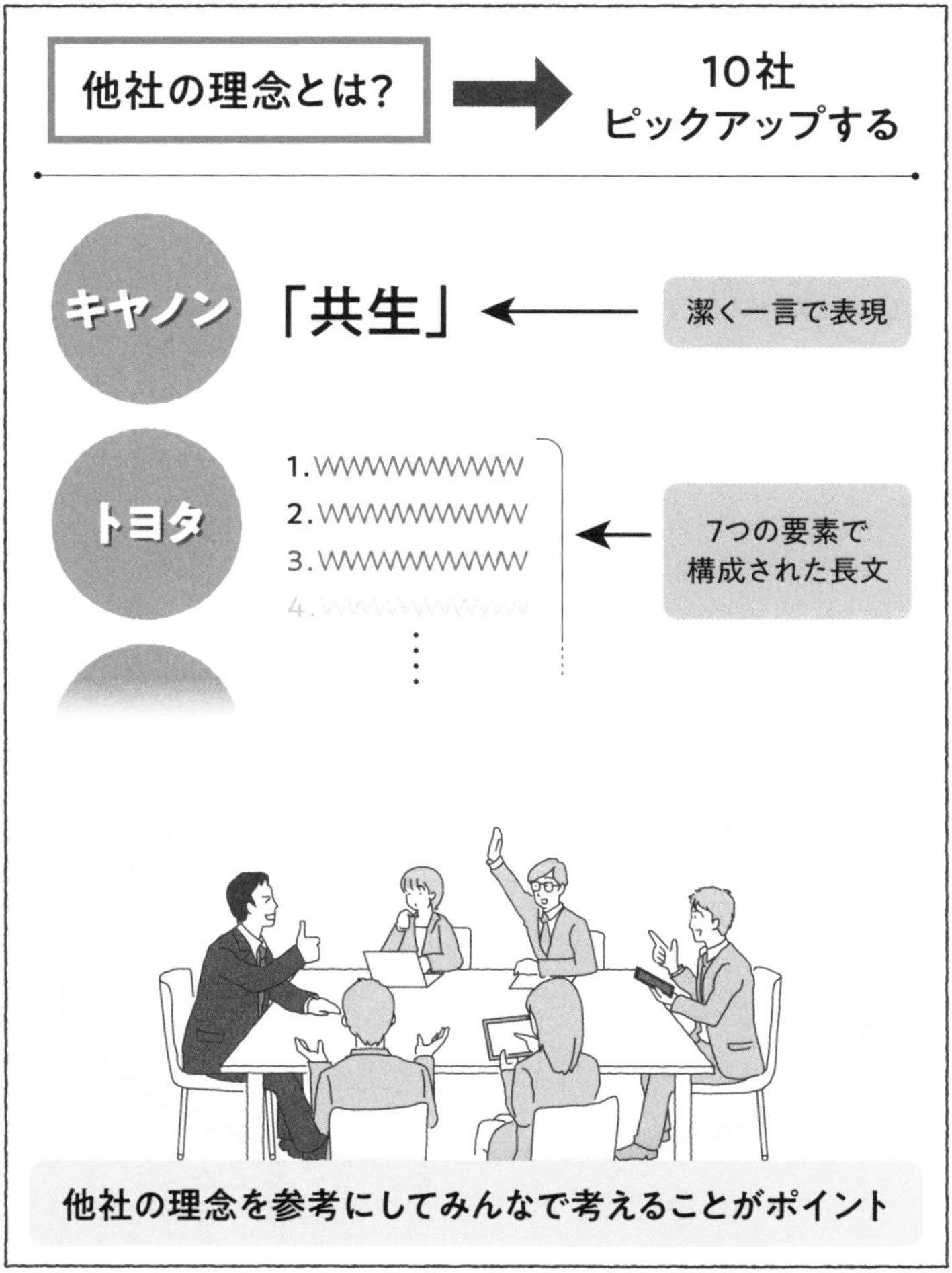

どと会議は盛り上がるでしょう。

そこから、「うちの会社も一言で言い表せるといいな」「長文で表現するほうが、うちの会社っぽくない？」「長文だと、わかりづらくならないかな」のように議論が生まれて、理念の方向性が定まっていくのです。

リーダー一人が理念を決めてしまったら、メンバーには決して自分事になりませんし、愛着や思い入れが湧きません。おそらく、素案（たたき台）は一度で固まるものではなく、何度も議論しながらつくり直し、最終的に「我が社が目指すのはこれです」とみんなが納得するものが出来上がるでしょう。

ステップ４：行動指針の決定

理念から外れたものの、ステップ3の決定プロセスで大切にしたい言葉が残ると思います。それらの言葉群を使い、理念実現のためにはどんな行動をすればいいのかを示す行動指針づくりに活かしましょう。

行動指針の数は、多すぎても使いこなせないので、3つから5つが最適です。

図3−1−5 「心に刺さる理念」の法則ステップ4：行動指針の決定

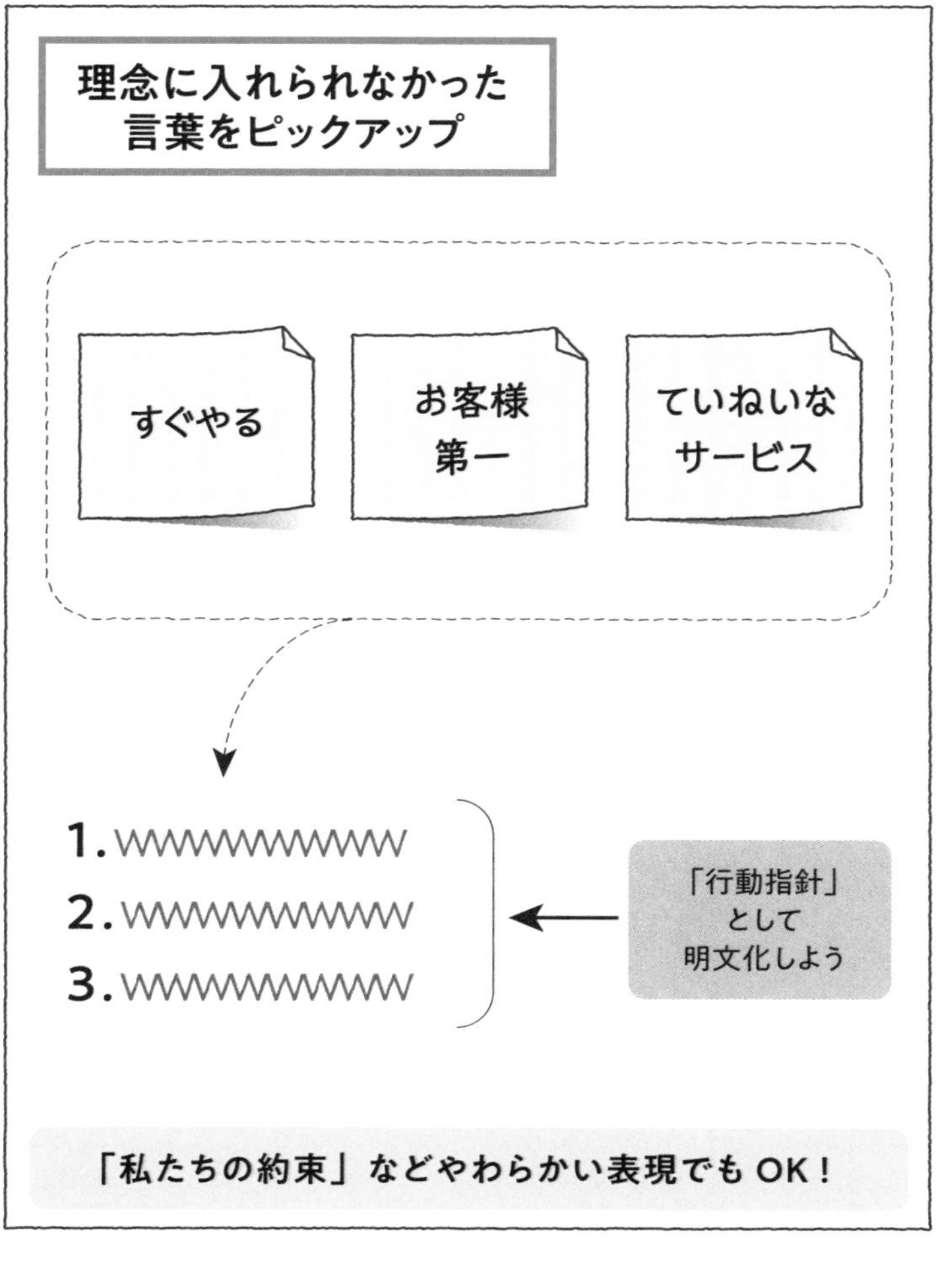

以前、理念策定のコンサルティングに入っている際に、お客様から「行動指針という言葉が堅くて、社風に合わないのでどうすればいいでしょうか？」と相談を受けました。その場合は、「私たちの約束」「ルール」「スタンダード」「大切なこと」など、表現を柔らかくするようおすすめしています。

ステップ5：理念の浸透活動

理念や行動指針は、つくって終わりではありません。むしろ、ここからが本番です。社員一人ひとりにいかに自分事にしてもらうのかを考えましょう。

理念を浸透させるには、クレド（従業員が心がける信条や行動指針）のカードを作って毎朝唱和したり、壁に貼っていつでも目に触れるようにするなど、いくらでも方法はあります。

私がおすすめしているのは、「理念スピーチ」です。朝礼や会議、研修の冒頭などで、理念や行動指針にちなんだエピソードを2分程度で話してもらいます。

スピーチするとなれば、スピーチのネタ探しのために仕事でもプライベートでも常に理念についてのアンテナを立てるようになります。

図3－1－6　「心に刺さる理念」の法則ステップ5：理念の浸透活動

また、先輩や上司の言葉に理念や行動指針が混じってくると、自然と部下にも考えが浸透していきます。これを「朱に交われば赤くなる戦法」と呼んでいます。

会議だけではなく、普段の雑談でも「さっき、お客様と話していたときの笑顔がよかったよ」のように理念のキーワードが混じると、部下は「笑顔が大事」という思考になっていきます。加えて、上司が行動で理念を実践していたら、なおさら影響力は強まります。そうやって理念は浸透していくのです。

三重県桑名市にあるオーケーズデリカというお弁当の販売や学校給食を手掛けている会社は、理念を策定するのにしっかりと1年かけました。

その企業ではアンケートで一番多かったのは、「笑顔」という言葉です。

「笑顔を大切にしている会社だと思います」「お客様に接するときは笑顔を心がけています」のように、笑顔という言葉がアンケートのあちこちに出てきました。

そこで、笑顔をキーワードにして理念とビジョンを考えることになりました。

最終的にできた理念は「Food is Life」、ビジョンは「All OK! で笑顔と愛ある共感社会を創る」。

さらに行動指針として「大切にすること5カ条」を明文化、ビジョンと合わせて大きなイラスト入りのビジョンマップをつくり、工場の壁に貼っています。ビジョンと行動指針を毎朝みんなで唱和してから作業に入る習慣が生まれました。

また、あるクライアント企業は自社の理念をお客様にも体感していただくために、本社のメインフロアをおもてなしフロアに変えました。

それまでは、社長室で来客にお茶を点《た》てたりしてもてなしていたのですが、「それだけでは足りない。うちの会社に来てくださった方全員をおもてなししたい」と、茶室を設けることにしたのです。海外からのお客様は、それだけで大喜びです。

それぐらい、**理念は「どんな会社なのか」を世界に知らしめるためにも大事**なのです。

実際には、理念が社内に浸透するには3年から5年はかかります。それまで10年～20年かけて根づいた組織風土は、急速には変わらないものです。

それでも、理念はやがて社風となり、文化となり、新しい組織風土となります。たとえ大きなトラブルが起きても、世の中の情勢が大きく変わっても、揺るがないような盤石な組織ができあがるでしょう。

2 自分の心のスイッチを知る「価値観見える化」の法則

いかにチームの一人ひとりに主体性を育むか？

これはリーダーの永遠の悩みです。

そのために、「君はどう思う？」と相手に考えさせる機会をつくっているリーダーは多いでしょう。

それも大事な方法ですが、何も答えられないと部下は焦りますし、部下が自分の考えとは違う答えを言うと、イライラする上司もいます。やはり、要所要所で使うから「あなたはどう思う？」は効果があるのだと言えます。

私は、大勢の人にコンサルティングをしているうちに、毎回考えさせる方法ではなくても、勝手に自分の頭で考えるようになる法則を見つけました。

それは、「自分の価値観を見つければ、人は勝手に思考する」という法則です。

「価値観」というと、漠然としているかもしれません。

自分の好きなことややりたいこと、反対に嫌いなことややりたくないことにも、その人がどのような価値観を持っているのかが表れます。

そして、価値観を発見できると、自分が何に対して燃えるのかがわかります。

たとえば、人とコミュニケーションを取るのが大好きなら、営業や接客、広報などを任されたら、嬉々として取り組むでしょう。効率化を図るのが得意なら、生産性が悪い部署に配属したら、朝から晩まで改善策を考えることもあります。

逆に、自分は面倒くさがりだとわかったら、「面倒になる前に仕事を片付けよう」と考え方が変わるきっかけになるでしょう。

人は、自分の価値観をわかっていそうで、実は自覚していません。

そこで、自分の価値観を見つけてもらうためのワークが「ライフチャート」と「ライフヒストリーグラフ」です。

①ライフチャート

ライフチャートは次の8つの項目について、今の満足度を0から10で答えてもらい、

レーダーチャートのような図で表すワークです。

それぞれの項目について、簡単に紹介しておきましょう。

・楽しみ／娯楽：仕事に限らず、趣味でも娯楽でも、自分が楽しめることがどれぐらいあるかを点数にします。

・生活環境：住まいや職場の環境への満足度です。

・健康：体だけでなく、心の状態も含めてどれぐらい健康でしょうか？

・仕事／他者への貢献：今の自分の仕事への満足度です。何をもとに満足度を感じるのかは人それぞれでしょう。好きな仕事をしていることへの満足度もあれば、職場の人間関係、年収、理想のキャリアに近いなどの理由を考えられます。他者への貢献は34ページで紹介した「ための一致」が起こるのが理想的です。

・お金：収入や支出・資産形成などに対する満足度。額の多寡だけでなく、個人の金銭感覚や、将来への不安度なども影響します。

・友人／対人関係：プライベートの交友関係や職場の人間関係の満足度。どちらが強く反映されるかは人によります。

図3−2−1　「価値観見える化」の法則で使える
ツール：①ライフチャート

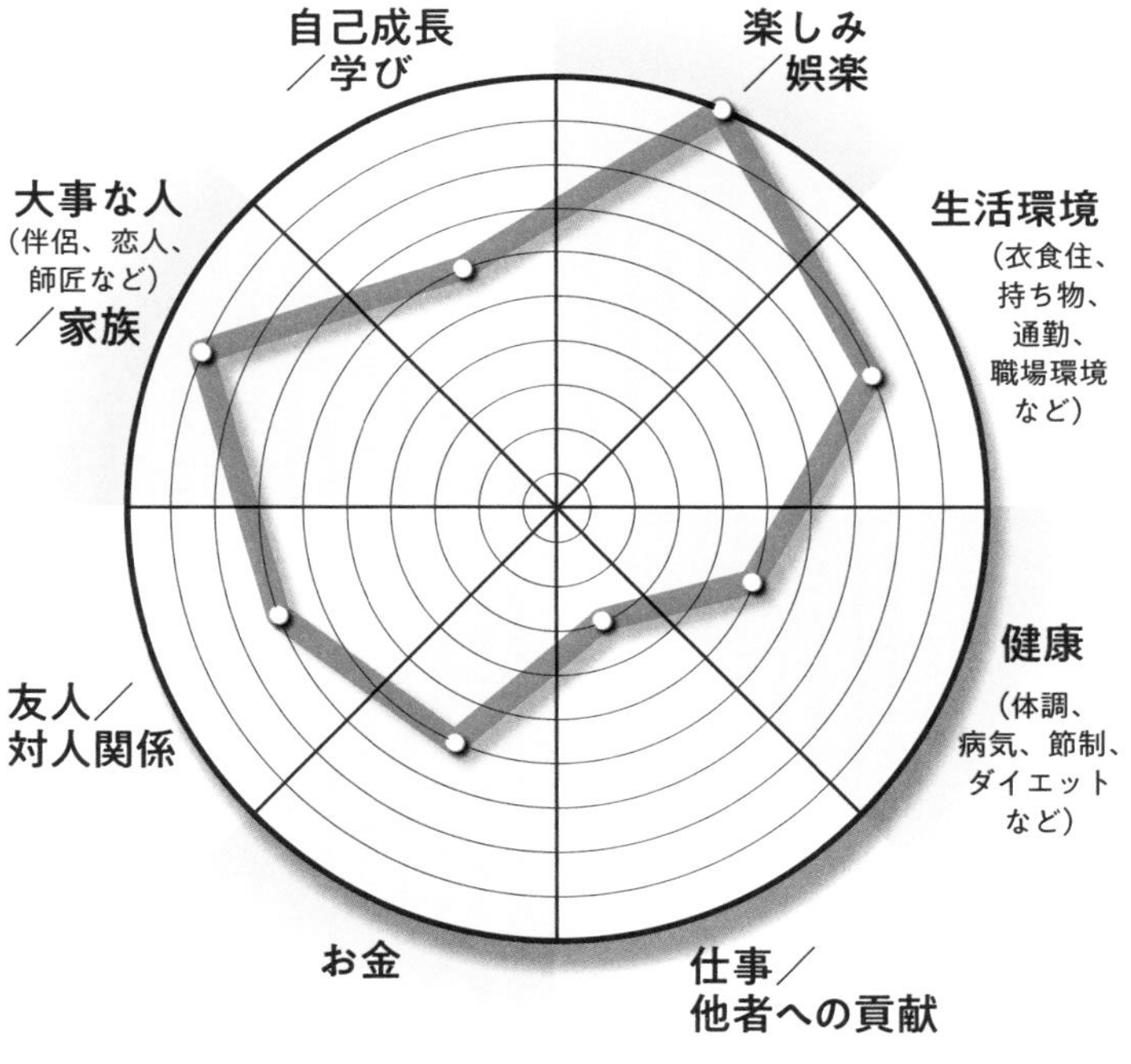

ポイント
- 相手の数値がどうあれ、否定しないこと
- 点数が「高い」「低い」項目を深掘りすると相手の価値観が見えてくる

・大事な人／家族：大切な人との関係性への満足度になります。家族や恋人の場合もあれば、一人に満足しているという場合もあります。

・自己成長／学び：自己成長に対する意欲の満足度です。意欲があるのに時間を割《さ》けないなどの事情があると、満足度は下がります。

これを図にしてもらうと、たとえば「楽しみ／娯楽」が10で「仕事／他者への貢献」が3のこともあります。

その理由を尋ねると、仕事よりプライベートを大事にしているとわかってきたりします。趣味の時間を減らしてまで残業をしたくないと考えているなら、定時で上がれるようにすればその部下のモチベーションは下がらないでしょう。

一見、健康そうに見えるのに「健康」の項目の数値が低いと、「寝不足が続いているから、体を壊してまで働きたくない」という本音が隠れているかもしれません。

「お金」の数値が高いのなら、昇給をモチベーションに仕事を頑張れるタイプかもしれませんし、「友人／対人関係」の数値が高いなら、チームワークがよくなれば仕事に打ち込めるタイプだと考えられます。

そのように、なぜその項目の点数が高いのか（低いのか）を深掘りすると、どこでスイッチが入るのかが見えてくるでしょう。今、どのような悩みを抱えているのかも浮き彫りになります。

ただし、数値が低い項目やプライベートに踏み込む場合は、相手との関係性も踏まえて慎重に進めることが大事です。

ここで大事なのは、相手の数値がどうであれ、否定しないこと。

たとえ仕事が０であっても「あり得ない」などと否定せず、どうして０なのかを聞いてみるところから始めてください。不燃人のように思えても、心のどこかにくすぶっている火種を見つけられるかもしれません。

「今は仕事が０だけど、３ぐらいに上げるとしたら、どうすればいいと思う？」と少し上の数値に設定すると、「仕事の量が多すぎるので、もう少し減らせたらやる気が出ると思う」と答えが出てくる可能性もあります。

このワークは１on１などでするより、みんなで集まって軽いアンケートに答える感覚でワイワイと行ったほうが、素で答えやすくなります。

ただし、くれぐれも部下の仕事の評価に利用しないように。

あくまでも、本人が今、何に満足して何に満足していないのかを客観的に知るための場だと思ってください。数値が低い項目に対して、チームで支援できることはないか、アイデアを出し合えば本人のモチベーションはもっと上がるでしょう。

本人も数値にしてみることで、「自分は意外と今の仕事に満足しているんだな」「私は友人との時間が一番、大事」「お金よりも自己成長できることに喜びを感じるな」と自分を見つめ直すきっかけになります。

そして、**自分の価値観を見つけられると、それを活かすためにどうするかを考えるようになります。**

自己成長の点数が高ければ、「自分の成長につながる仕事をどんどん引き受けよう」と考えるでしょうし、「趣味でしていることを仕事につなげられないかな」と考えるかもしれません。あるいは、大事な人の点数が高いのなら、「クライアントも家族のように考えれば、もっと大切にコミュニケーションを取れるようになるかも」と気づきを得る場合もあります。

それが自分の頭で考えることになりますし、人から言われるより、自分が考えたことに対してはモチベーションが上がります。

②ライフヒストリーグラフ

「人生曲線」とも呼ばれるワークで、その名の通り、**自分の今までの人生を折れ線グラフで表します。**

0歳から今までの自分の人生の気持ちのありようがどのように変化していったのかを折れ線グラフにしてもらいます。

それこそ人生山あり谷ありで、絶好調な時期は大きな山が続いていても、その後大きく下降していく人もいます。そうかと思えば、ずっと低迷していて「大丈夫かな?」と思うような人も。そういう場合も、「これから上り調子になっていくんですね!」とポジティブにとらえられるようにします。

山や谷の箇所を、「ここでは何が起きたんですか?」と尋ねると、「人生初の恋人ができた」「野球で甲子園に出た」「受験に合格した」のような幸せなイベントもあれば、「いじめにあった」「親が亡くなった」のような悲しいイベントも出てきます。

自分の人生が映画だとしたら、山や谷がハイライトシーンになるので、そこを詳しく語ってもらいます。

「そのとき、どう感じましたか？」

「そこから何を学びましたか？」

「その頃に戻れるなら、どうしますか？」

「今の自分につながっていることはありますか？」

このような問いを投げかけると、相手がどのような経験を積んで、どのようなことで喜びや悲しみを感じるのかがわかります。**そこから価値観が見えてきます。**

本人も、「野球にあれだけ打ち込めたのだから、今の自分でも何かに打ち込めるかもしれない」と気づきを得るきっかけになるでしょう。

これらのワークをすると、不燃人や消燃人がなぜそうなっているのかの背景がわかってきます。

日本人は、基本的に仕事に対する態度はマジメです。けれども、そつなく仕事をこなしても、仕事に対する熱意がまったくない人も少なからずいます。リーダーとしては、「仕事をやってくれてるなら、いいか」と割り切っ

図3－2－2　「価値観見える化」の法則で使える
ツール：②ライフヒストリーグラフ

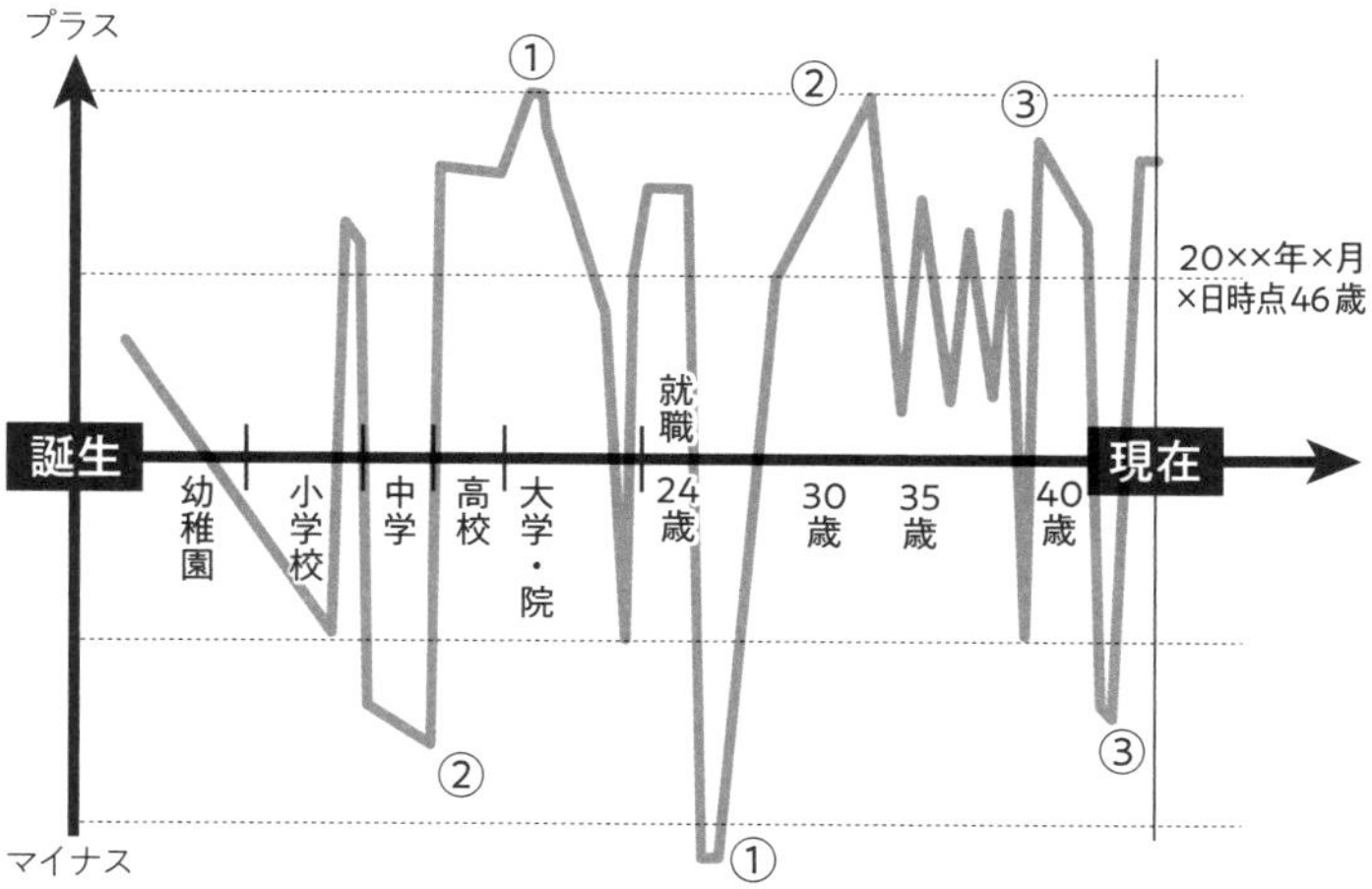

設問　人生を振り返りながら、感情曲線を書いてみましょう。「山」と「谷」のところを3つ選んで、①②③と振ってください。

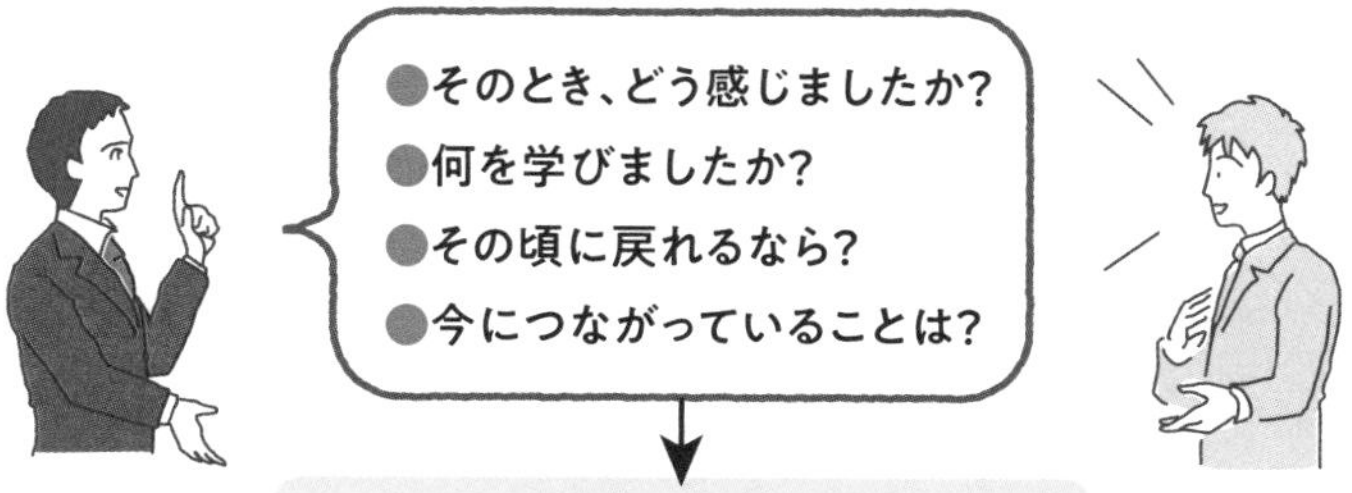

相手の価値観が見えてくる！

てもいいのかもしれませんが、ただ仕事をこなすだけならロボットと同じです。

ぬくもりのある血の通った生身の人間として、人間的な成長をお互いに支え合い、助け合うような相互信頼と相互成長の関係性をつくりたい。「お陰様」と「お互い様」が自然と言えるような関係性をつくりたいと思いませんか?


相手の価値観を知るのは相互理解の第一歩です。


うつろな目で、「こんなワークをやって、何の意味があるの?」と投げやりな態度の人も、自分の今までの人生を振り返るうちに、「そういえば、自分も何かに燃えている時期があったな」「自分は友人が大事なんだ」と心に火が灯る瞬間があるものです。

自分が何をしたいのかを見つけた人は強い。

仕事にも何にも本気になれない人は、**本気になれるような「何か」を見つけていないだけです。**それを見つけられれば、その人の人生は大きく変わるでしょう。

3 チームのやる気度を知る「Will Skill マトリクス」の法則

「2：6：2の法則」や、2割の働かないアリがどうしても生まれる「働きアリの法則」など、「やる気のない社員はどうしても生まれるものだ」という説が一般的になっています。

しかし、働かない2割のアリも、他の8割のアリがいなくなったら働きアリになるという説もあります。やる気のない2割の社員にも変われる可能性はあるのです。

「喜ばれるを喜びに」をモットーにしている私としては、「やる気のない社員もいるものなんだ」で諦めてしまうのは、悔しい。自分に負けた気がします。

だから、本人が「自分はどんなに頑張ってもダメなんだ」と諦めたとしても、私は諦めたくありません。

面と向かって、**「あなたが自分を諦めたとしても、僕はあなたの可能性を諦めないよ」**

と、青春ドラマのようなセリフをぶつけることもあります。

それが相手の心にどこまで響いているのかはわかりません。

それでも、何も伝えなければ、私がどれだけ真剣に考えているのかは相手にはわからないでしょう。たとえ「うざいな」と思われたとしても、私は自分の想いを伝え続けていきます。

ただ、熱血教師のように情熱をぶつけるだけでは相手は動かないのも事実です。

そこで**私が使っているのは「Ｗｉｌｌ Ｓｋｉｌｌマトリクス」という方法です。**

これはコーチングなどでよく使われる手法の一つで、**Ｗｉｌｌは「やる気」、Ｓｋｉｌｌはテクニックなどの能力を表します。**

この２つをマトリクスにすると、次の４タイプに分かれます（１６７ページ参照）。

①やる気が高く、能力も高い人
②やる気は高いが、能力が低い人
③能力は高いが、やる気が低い人
④能力が低く、やる気も低い人

自分の部下がどのタイプに当てはまるのか、まずは分類してみましょう。

リーダーとしてはチームに①のタイプが多いのが理想的です。これは間違いなく自燃人です。しかし、**実際には②と③の可燃人のタイプが大半で、**④の不燃人のタイプも一定数いるのではないでしょうか。

ただし、これは生まれ持った性格ではなく、現在の状態を表しているだけです。入社したばかりの頃は①だったのに、数年後に②か③になり、気づけば④になっている人もいます。その逆パターンもあります。

4タイプはそれぞれ仕事の任せ方を変えると、仕事の向き合い方が変わります。

①のタイプは「委任」するのが最適です。

仕事を全面的に任せて、リーダーは基本的に口出ししないでいると120％の実力で取り組んでくれます。このタイプに「あれやれ、これやれ」と細かく指示を出したら、とたんにやる気はゼロになるでしょう。

このタイプを動かすのは「会社の幹部になれるよう3年間頑張って」という感じで責任が大きな仕事を任せると、さらに視野が広がります。

②のタイプは仕事に対するやる気はあるので、「指導」が適しています。

指導と言っても、厳しく鍛えるのではなく、スキルを身に着けられるようにアドバイスするという意味です。適切なやり方さえ身に着ければ、グングン伸びていきます。できているところをほめながら教えれば、やがて①に近づいていきます。

③のタイプは「動機づけ」が大事です。

このタイプはなかなか厄介です。周りは、「能力はあるんだからもっと頑張ればいいのに」と感じるのですが、やる気に火をつけるのはそれほど簡単ではありません。

もしかしたら、「この人は仕事ができるのは当たり前」と周りに思われていて、承認の言葉をあまりもらえないのかもしれません。その場合は、「さすがだね」「○○さんに任せてよかったよ」のように承認の言葉をひんぱんにかけていると、やる気スイッチが入ることもあります。

あるいは、より重要なポジションを任せたら張り切りだす場合もあるでしょう。

どのようにやる気スイッチを押すのかは、前項で説明した価値観が参考になります。お金がモチベーションになる人もいれば、趣味がモチベーションになる人もいるので、

図3－3　メンバーのやる気を測る
「Will Skill マトリクス」の法則

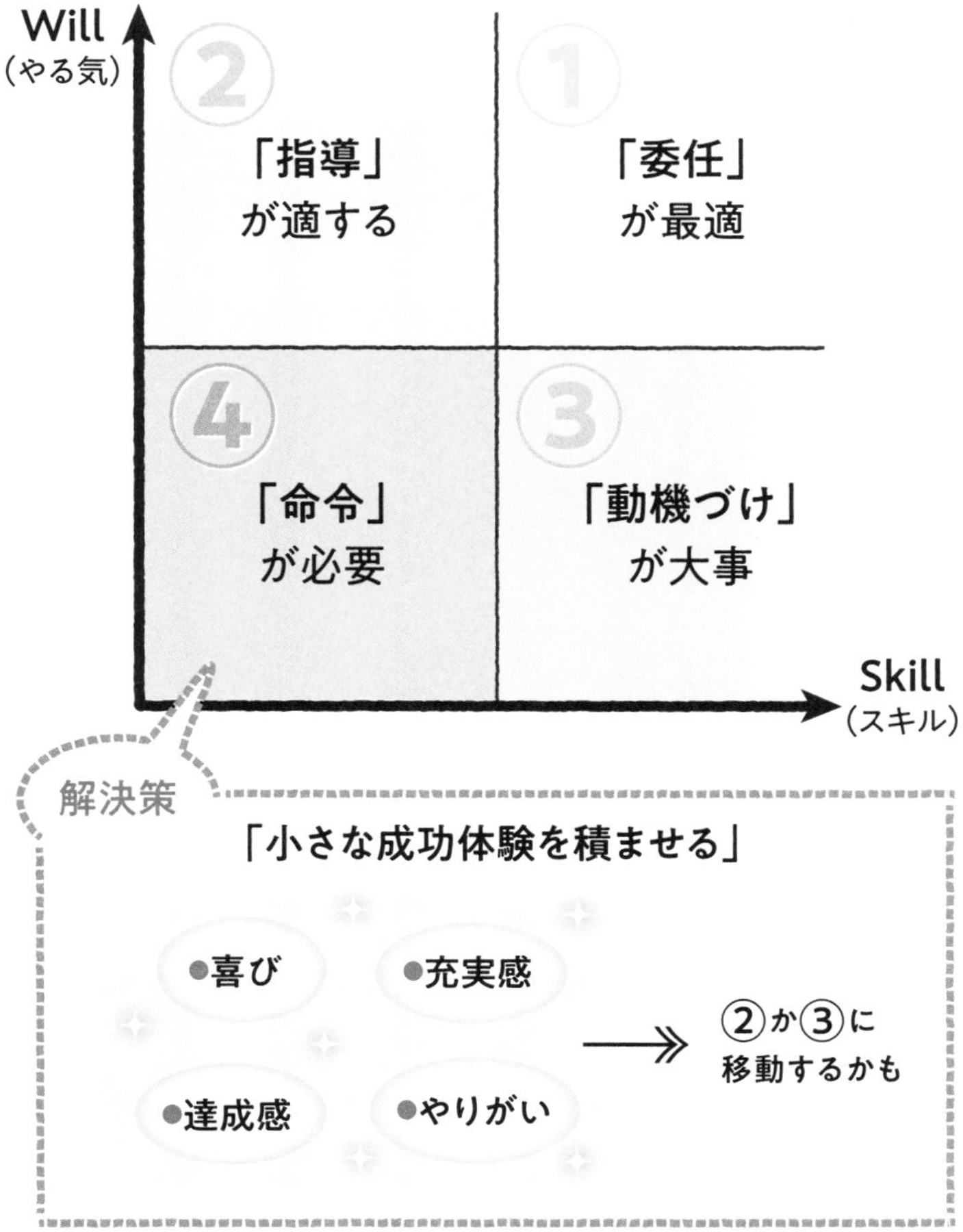

相手の価値観に合わせて対処法を考えるのが最善策です。

時間はかかりますが、諦めなければ①のタイプに変われます。

④のタイプに必要なのが「命令」です。

やる気も能力もないタイプには、ある程度、強制的に仕事をさせて覚えてもらうところからスタートしなければなりません。

当たり前ですが、パワハラやモラハラは厳禁です。命令とはマニュアルを作って、「この手順通りにやってみて」のように従ってもらう方法を意味します。失敗したら、理由を考えさせて修正させるなど、細やかなフォローが不可欠です。

ただし、一方的に命令するだけではやる気はどんどん削られていきます。

そこで、**「小さな成功体験」を積ませるのがコツです。**

たとえば、電話を取り次いでもらったときに、「お客様から、元気がいい社員さんだねってほめられたよ」とほめるだけで、人の役に立てたという喜びを感じるでしょう。その次からも、元気よく電話に出るようになります。

「資料を作るのが早くなったね」と成長を感じさせるような言葉をかけたり、「忙しくても丁寧に接客してくれて、助かったよ」とねぎらうと、「次回も頑張ろう」と充足感や達成感を味わえるようになります。「このチームで仕事をできてよかったな」と連帯感を感じさせるのも、小さな成功体験の一つ。その体験を積み重ねていくうちにやる気エンジンが全開になり、それに比例して能力も上がっていくものです。

新人ではなく、中堅社員やベテラン社員でも④のタイプになる場合もあります。それは、望んではいない部署に異動になったり、社内の人間関係が悪化したり、出世できなかったなど、理由はさまざまです。

そういう場合も、根気よく今の体験が将来活かされるだろうと説得したり、部下をつけたりして成長を感じられる環境を整えるなど、何らかの方法はあるはずです。

④のタイプがいきなり①のタイプになるのは難しいでしょう。それでも、**②か③のタイプになるだけでも大成長です**し、②か③になれれば、ゆくゆくは①になるのも夢ではありません。

いずれにせよ、部下がやる気を失っているのはリーダーの責任でもあるので、部下に寄り添い続けていただきたいと思います。そして、部下によってリーダーは育てられます。「人を育て、人に学び、人によって育てられる」のです。

4 メンバーのタイプを見極める「陰陽五行論」の法則

風水に興味のある方は「陰陽五行論」を聞いたことがあるでしょう。

陰陽五行論は古代中国で用いられていた法則で、東洋医学の基礎でもあり、帝王学や政治学としての側面も持ち、日本でも国の権力者が学んできました。

陰陽五行論は「陰陽論」と「五行論」が合わさった論理体系です。４０００年前の古代中国殷の時代に「陰陽論」が発生し、２５００年前の春秋戦国時代に陰陽五行論の基本となる万象学が成立したとされています。

「陰陽論」とは、この世のすべての事象を陰と陽の２つの側面から捉える理論です。

例えば、人間には男と女、一日には昼と夜、物事には表と裏があるように、すべての事象はプラス（陽）とマイナス（陰）の要素から構成されていると捉える考え方です。陰陽によると、世の中の物や概念は次のように分かれています。

・陰：月、夜、冷たい、暗い、静、秋冬、女、裏
・陽：太陽、朝、暖かい、明るい、動、春夏、男、表

陰と陽は、どちらがいい悪いというものではなく、両方の存在が必要です。

また、**「五行論」とは、自然界にあるすべてのものを分類すると、「木・火・土・金・水」の5つの性質に分けられるという考え方です。**人間も自然の一部として捉え、私たち、一人ひとりが木・火・土・金・水のいずれかに分類されていきます。

簡単に、この5つのタイプを説明すると次の通りです。

木：信念がある。自律している。
火：コミュニケーションが好き。伝える力がある。
土：愛情深い。存在感、影響力がある。
金：動きが早く、実行力がある。責任感がある。
水：聡明で論理的に思考する。知的好奇心が旺盛。

火は木を燃料として強くなり（木↓火）、土は火で燃やされることにより養土となり（火↓土）、金は土の中で育まれ（土↓金）、水は金で生成され浄化され（金↓水）、木は水分で成長します（水↓木）。

この関係性を「相生（そうしょう）」と呼びます。

一方で、木は土に根を張り（木↓×土）、土は水を濁し（土↓×水）、水は火を消し（水↓×火）、火は金を溶かし（火↓×金）、金（刃物）は木を倒します（金↓×木）。

この関係性を「相剋（そうこく）」と呼びます。

陰陽五行論はチームビルディングに応用できます。

このときに、「相生相剋論（そうしょうそうこくろん）」という考え方を使います。

これは、木・火・土・金・水の五行の関係性を見る理論です。

火のタイプの人もいれば、金のタイプの人もいる。チームビルディングとしては**5つのタイプがバランスよく集まっているといいチームになります。**火のタイプばかりだったら、議論が活発になりますがストッパーがいないチームになるでしょうし、水のタイプばかりだったら冷静に判断はできますが行動力に欠けるチームになるかもし

図3－4　メンバー間のバランスをとる
「陰陽五行論」の法則

「陰陽論」　お互いに影響し合いながらバランスをとる

	陽	陰
人間	男	女
一日	朝	夜
物事	表	裏

「五行論」　5つのタイプをバランスよく共存させるほうがいい

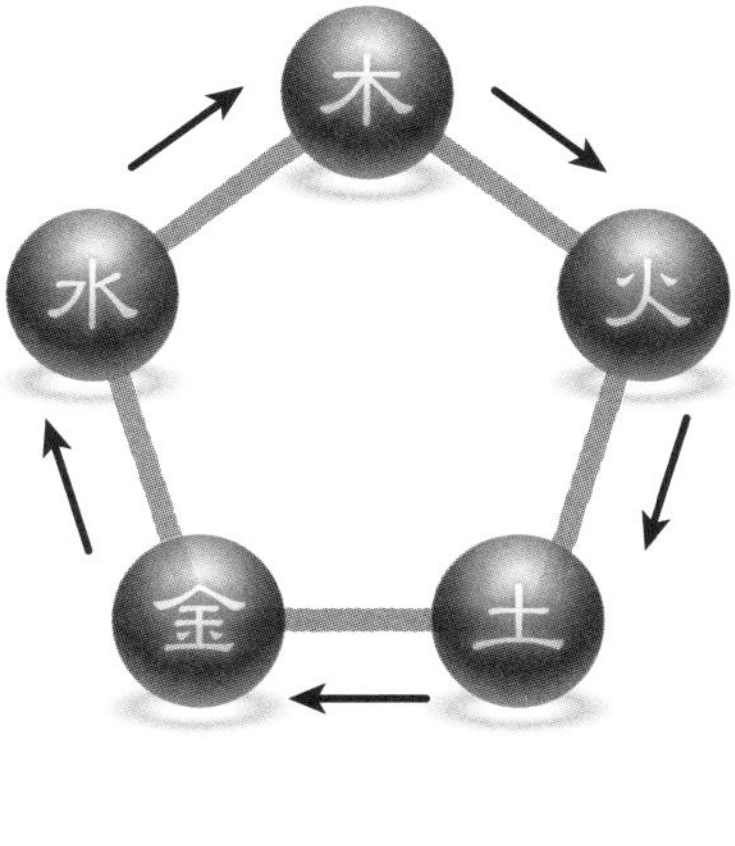

れません。

相生関係のメンバー間では、お互いに活かし合う関係となり、スムーズに物事が運びやすくなります。

一方で、相剋関係のメンバー間では、ぶつかり合って苦労しやすい関係となりますが、相性が悪いから避けた方がよいというわけではありません。たとえば土は木に栄養をとられてしまいますが、崖や斜面は大雨が降ると崩れ落ちてしまいます。土に木がしっかりと根を張っていたら土砂崩れを防げます。

つまり、相性は悪いのですが、自分を制御してくれる相手でもあるのです。自分を磨いてくれる相手なので、大事な存在でもあります。

このように、相性が悪いと一見思えるものでも、付き合いや関係性によってはバランスを取れるのが陰陽五行論です。

これを知れば、**相性の悪い相手も自分を成長させるためにいてくれるのだ**と思えませんか？

誰でも苦手な人や自分とは合わないタイプの人はいるでしょう。

私にもいます。

以前、コンサルティング会社で働いていたとき、私にはどうしても受け入れられない人がいました。その人は正社員ではなく、会社が業務委託している関係だったのですが、ひんぱんに会社に顔を出し、傍若無人な振る舞いをするようになりました。

お客様との飲み会で、「オレはこの会社からもらってるお金は少ないんだよ」と不満を漏らしたり、私から見ると信じられないタイプの人でした。それでも何とか受け入れようと努めましたが、どうしてもできずに、毎週のように海を見に行って心を落ち着けるようにしていたぐらいです。

そんな時期に小池康仁先生に出会いました。

小池先生は、元々は世界でも有数の経営コンサルティングファームでコンサルタントをされていましたが、今は独立起業して数十社の会社を統括する経営者です。41歳で阿闍梨（密教で修行した僧侶）への道に入り、東洋哲理思想の帝王学・陰陽五行論を経営に活かす教えを広めていらっしゃいます。

小池先生からは、**「苦手な人を避けていると、自分の器がどんどん小さくなる」**とアドバイスを受けました。

たとえば、一本の棒があるとして、それが自分の器を表しているとします。

棒の一方の端が大好きな人で、もう一方が大嫌いな人だとします。大嫌いな人を「あいつは反対意見ばかり言うから、いなくなればいい」と切り捨てると、大好きな人だけを守れた気がします。

ところが、切ってもまた端っこは現れます。つまり、嫌いな人はまた現れるのです。次も同じように切り捨てても、また端っこが現れる。そうやって切れば切るほど、自分の器は小さくなっていきます。いつか、大好きな人さえも嫌いになって切り捨てる日が来るかもしれません。

どんなに自分の人生から嫌いな人を排除しようとしても、また新たに嫌いな人が出てくるので、キリがない。それなら、苦手な人も受け入れたほうが、自分の器はどんどん大きくなっていくでしょう。

小池先生からこの学びをいただいてからは、苦手な人を排除したり距離を置くより、むしろ「あなたのお陰で自分を律することができるし、傲慢にならずに済むし、天狗にならずに済むから、ありがたい」と感謝できるようになりました。

相手をムリに好きになる必要はありません。

「自分はこういう人物になってはいけないな」と反面教師として受け入れるぐらいで

も十分です。

とくにリーダーは気に入らない部下を排除したり、冷たくするなどもってのほかです。そんな態度をとったら、自分を信頼してくれている部下の信頼まで失ってしまいます。苦手な人であっても分け隔てなく接することができる人こそ、リーダーにふさわしい人財です。

陰陽五行論では、自分自身の才能や資質、心のクセがわかります。お互いの個性を知れば、お互いにどのように補い、抑制し、バランスを取っていくかを考えられるかもしれません。感情論で「相性が合わない」と切り捨てるのではなく、すべての人を活かすチームビルディングをしたほうが、リーダーも楽しく仕事をできるのではないでしょうか。

最近では、企業研修でも陰陽五行論や帝王学について話してほしい、という要望が増えてきています。

5 違うことはいいことである「共通認識マトリクス」の法則

「マネジメントの父」と呼ばれるピーター・ドラッカーが残した、印象的な言葉があります。

「部下の考えと自分の考えがすべて一致していることはあり得ない。必ず、考えはどこか違うものだ。その考えが見えたとき、上司はつい『部下の未熟さ』を発見したと思い、何としてでも部下を説得しようと懇々と話がはじまる」（『日本に来たドラッカー初来日編』山下淳一郎著　同友館）

「あ、これ、自分だ」と思った人は多いでしょう。

そもそも人は考え方が違うもの。これは親子や兄弟、夫婦や恋人、友人などすべての関係で言えます。

まず「そういう考え方もあるんだな」と認めましょう。部下の考えが自分と違っても、「間違っている」と決めつける前に、**なぜそのような考えに至ったのか、理由を探るべきです。**

私は部下と認識の違いを分析するとき、「共通認識のマトリクス」を用います。

たとえば、営業部でどの広告・ＰＲ方法に力を入れるのかを決めるために、**縦軸は重要度・インパクト、横軸は取り組みやすさ**で４つのマスを作ったとします（１８１ページの図参照）。

Ａ、我が社にとって重要・インパクト大であり、取り組みやすい
Ｂ、我が社にとって重要・インパクト大であり、取り組みづらい
Ｃ、我が社にとって重要・インパクトは小さく、取り組みやすい
Ｄ、我が社にとって重要・インパクトは小さく、取り組みづらい

この４マスに合わせて、チーム全員に広告・ＰＲの方法を思いつく限りカード（付せん）に書いてもらいます。

新聞広告、電車の中吊りなどの交通広告、雑誌やウェブの広告、自社のＨＰやブロ

グ、SNS、メルマガ、交流会など、広告・PRの方法が出そろったら、それを4つのマスに振り分けていきます。

たとえば、新聞広告。若い世代は新聞を読まないので、Cのマスを選ぶかもしれません。それに対して、「いやいや、新聞の購読者数は減ってるけど、今でも新聞広告を見て買ってくださるお客様も多いんだよ。ただ、掲載料は高いけれどね」と、上司はBを選んだりします。

逆に、上司はメルマガでAを選んだら、部下は「今はメルマガを読む人はそんなにいないですよ」とCを選ぶこともあるでしょう。

このように、**お互いの認識のズレをみんなで共有し、話し合いながらすり合わせるのが目的です**。上司が自分の考えを押し通すためではなく、多数決で選ぶ場でもありません。みんなで納得できる認識に集約していきます。

普通に話し合うだけだと議論の焦点が定まらず、「予算が足りない」「人手が足りない」のように問題点が出るばかりで着地できなくなります。共通認識のマトリクスを使えば、**何が重要で、何が取り組みやすいのかが視覚化される**ので、地に足の着いた議論になるのです。

図3－5　メンバー間の認識の違いをあぶり出す
「共通認識マトリクス」の法則

お題　当社が取り組むべき
広告・PR施策を検討しましょう。

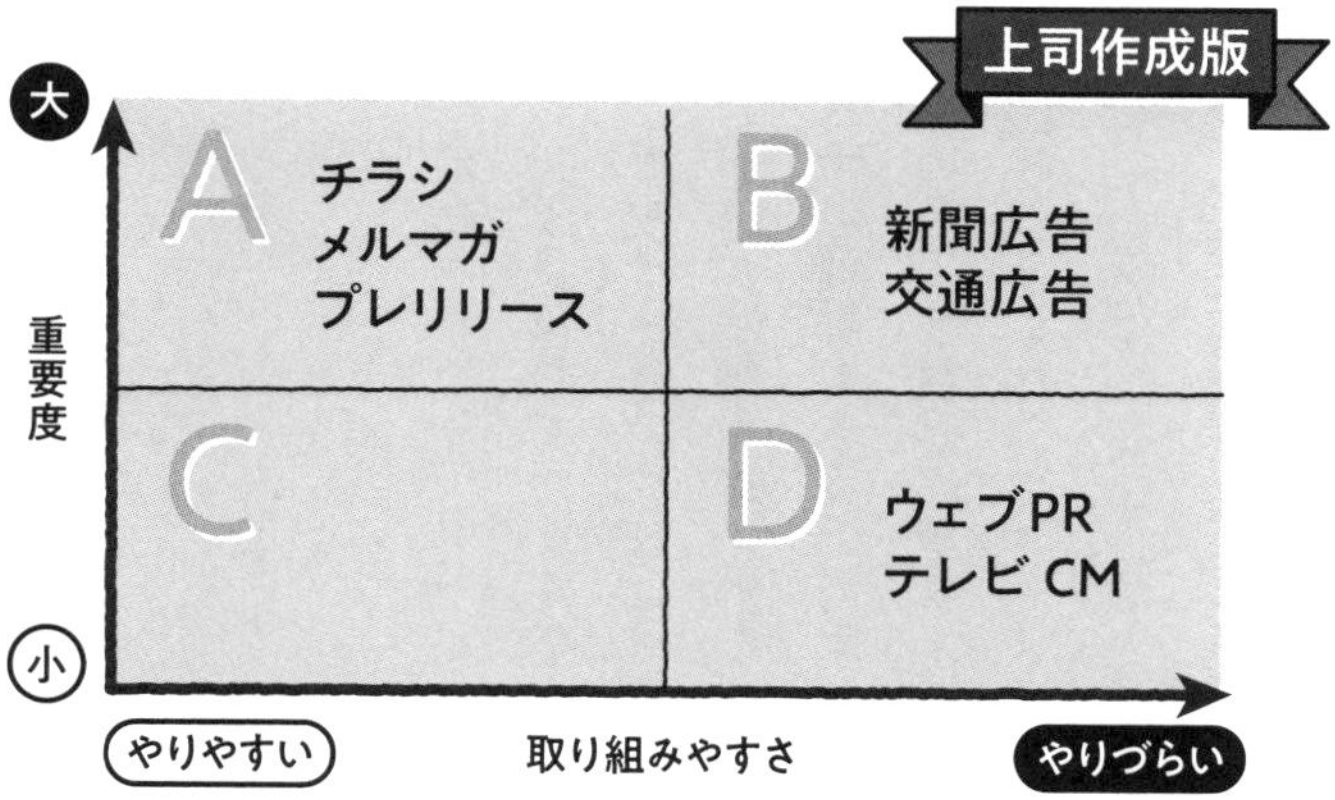

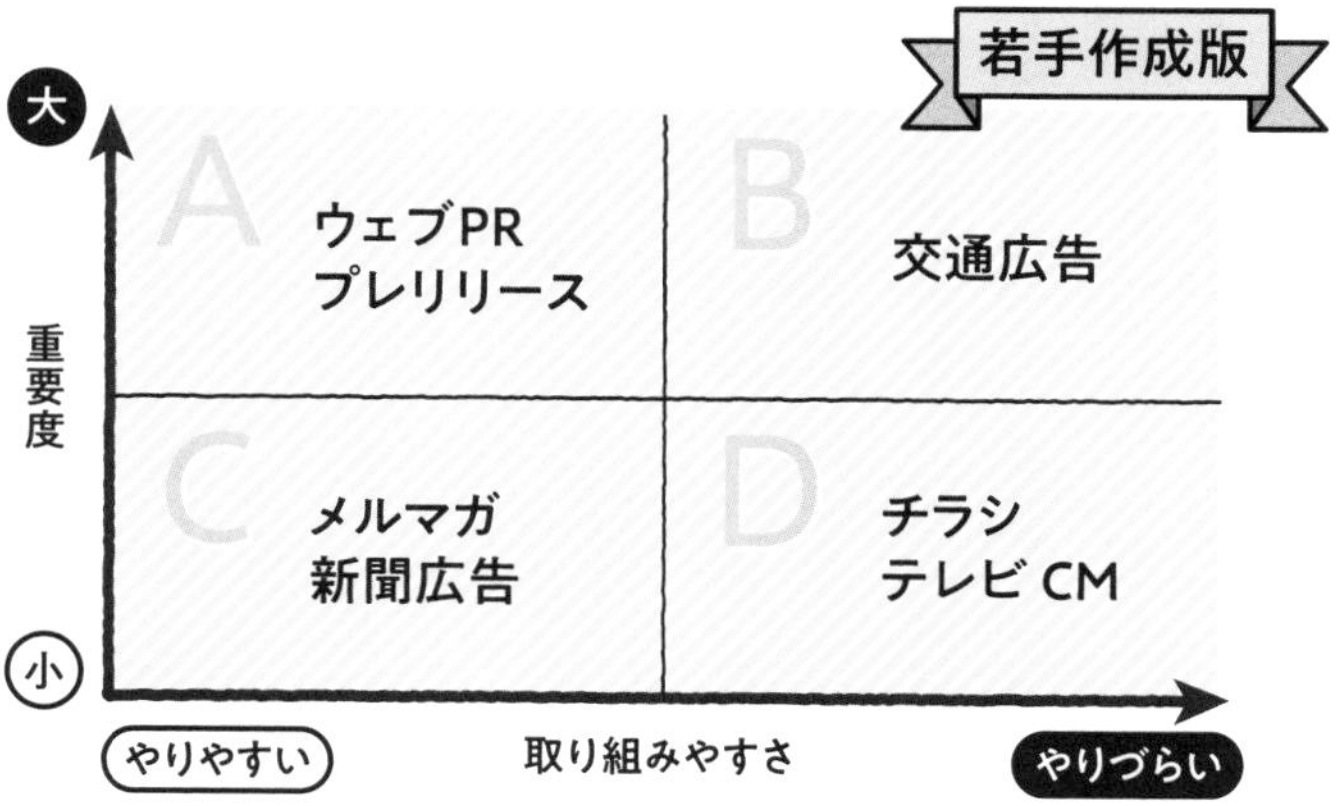

このマトリクスは縦軸と横軸を何にしても構いません。

あるクライアントは、縦軸を成長率、横軸を利益率にして、自社の顧客の重要度を営業チームで共有することにしました。そのクライアントは精肉の製造・販売をする会社で、主な顧客は大手のスーパーマーケットやコンビニ、精肉店や惣菜店などです。

大手のスーパーでも、成長率は高くても自社にとっての利益率は低かったり、成長率は低くても利益率は高かったり、バラバラです。

それを知ることで、成長はしていなくても利益率が高い店ならもっとアプローチすべきと判断したり、規模は小さいけれど成長性が高いから深く付き合っていこう、と判断もできます。**そういう情報を共有すると、若手社員は「どの店にも一律に営業していてはダメなんだ」と理解できる**のです。

このクライアントの若手社員が、チェーン展開している惣菜店を、成長率は低くて利益率は高いマスに置きました。

すると、それを見た上司がすかさず「どうしてそこに置いたの？」と尋ねたのです。

部下が「ここはそんなに成長していないと思うんですけど」と答えると、「そこは県外にもチェーン展開するのが決まっているから、これからもっと伸びるよ」とアドバイスしました。

それを聞いた部下は、「えっ、そうなんですか？　先輩から引き継ぐときに、『この会社は伸びないから、ルート営業先の一つとして足を運ぶぐらいでいいよ』って言われたんです」と言いました。

5年前に先輩に言われた一言を信じて、月に1回しか足を運んでいなかったのだと、そのときわかりました。

「いやいや、その店にはもっとうちの肉を置いてもらわないと。1週間に一度行って、注文を取ってきたほうがいいよ」

この上司の言葉に従って営業の回数を増やすと、その惣菜店の注文数は激増したそうです。

上司と部下で見ている世界が違うのは、よくある話です。

それを共通認識のマトリクスで視覚化すると、見る世界を共有できます。そうすればチームの足並みもそろって、数字がついてくるはずです。

6 自分の殻を破るタイミングをつくる「厳愛フィードバック」の法則

最近、『ゆるい職場　若者の不安の知られざる理由』（古屋星斗著　中公新書ラクレ）という本が話題になりました。

それによると、「自分は別の会社や部署で通用しなくなるのではないか」と感じている新入社員が5割近くもいたそうです。職場を「ゆるい」と感じている新入社員は6割超もいました。

「もっとビシバシ鍛えて欲しい」「一度も叱られたことがない。今どきの子には厳しくしても意味ないから、と親戚の子供のように扱われている」と、物足りなさを感じている若者が多いそうです。

そうは言っても、厳しく叱ったらパワハラだと言われる恐れもあり、リーダーとしてはどのように接すればいいのか、難しい時代になりました。

部下に厳しい指摘をするのは、指導する側もつらいので、できれば避けたいところです。**それでも覚悟して部下の成長のために厳しいことを伝えるのが「厳愛」です。**

私は、心を鬼にしてフィードバックする際には、とてつもないエネルギーをかけています。話すタイミングやどのように伝えれば傷つけずに済むのか、いつも悩みながらフィードバックしています。

その不安や苦痛から逃れるためには、部下が何をしても「いいんだよ」と流すのが一番楽でしょう。しかし、それでは部下は成長できないままですし、不燃人にしてしまうかもしれません。

だから、厳しいことこそ伝えなくてはならないのだと考えています。

ただし、内容的には厳しくても、**感情的に怒鳴るのは厳禁です。**それをしたら、せっかくよくなった関係の質はいっぺんに崩れます。

厳愛の匙加減がわからないなら、部下に「今伝えたこと、どうだった？」と直接聞いてみるのもアリかもしれません。部下が深く傷ついている様子なら、厳しさが強すぎたのだと判断できます。

誰でも部下には嫌われたくありません。そういう場合は、「嫌われ役は演じても、嫌われ者にはならない」のだと考えましょう。

「役」を演じているのであって、本当の自分自身ではない。厳しい指摘は伝える側も言われる側もメンタルを削られますが、いつか「自分のためを思って言ってくれているんだ」と相手が気づいてくれるかもしれません。

自分の心の負担を軽くするために、「叱る」と考えるのではなく、「フィードバックをする」と考えたら、楽になれると思います。

フィードバックには2つの種類があります。

①承認のフィードバック

私は基本的に、いついかなるときでも承認から入ります。

「いいね」「よくできてるよ」「いつも頑張ってるね」「いいチャレンジだね」のように、相手の行動を受け止めていることを示すための承認のフィードバックです。

部下がトラブルを起こしたときでも、「全力で頑張ったからこそ、トラブルは起きるものなんだよ」という感じで、まず相手の行動や考えを承認します。相手に聞く耳をもってもらうためには、こちらから相手を承認しないと心を開いてもらえません。

だから、「あなたを認めてますよ」という姿勢を示すのが大事なのです。

承認から入らず、「なんで、そんなことをしたの？」「それぐらいのこと、事前にわからなかった？」のように否定から入ったらどうでしょう。

部下は萎縮して、いずれトラブルやミスを隠すようになります。そうなったら企業がダメージを受けるのは言うまでもありません。

日ごろから何でも言いやすい雰囲気をつくるためにも、承認から入るのは基本です。できれば、大きなトラブルやミスが起きたときこそ、「報告してくれてありがとう」と承認するところから入るのがベストです。

もし、どうしてもほめるところが見つからないときは、とっておきのマジックワードがあります。

それは**「筋がいいね」の一言**。

何かちょっとでも光るものがあったら「筋がいいね」「センスがいいね」とどんどんほめましょう。何なら、職場に来ただけでやる気はあるので、「筋がいいね」と言ってもいいぐらいです。

②改善のフィードバック

承認のフィードバックをしてから改善のフィードバックをします。

改善のフィードバックは相手に「気になったことがあるんだけど、アドバイスしていいかな？」と許可を取ってから伝えるのがポイントです。許可もないのにアドバイスをしたら、単なる小言になってしまいます。

そして、短く伝えること。小一時間も問い詰めてしまったらパワハラのようなものなので、「その場で短く」を心がけましょう。

承認までなら、相手も喜んで聞きますが、改善は相手にとって耳が痛い話になります。そのため、ここから成長する人と成長しない人とに分かれます。

成長する人は自分のどこに問題があったのかを素直に受け入れて、次回に同じ失敗を繰り返さないようにします。

成長しない人は、自分に問題があることを認めません。反論したり、反発したり、抵抗を示してアドバイスを受け入れようとしないのです。

ここで、「そういう人、うちの部下にもいるいる」で終わらせないように。

成長しない人に手を差し伸べるのがリーダーの役割です。

「自分には問題なかったと思うのはどうして？」「何か一つでも改善できるところはない？」と掘り下げていくと、「何か、自分が仕事ができないヤツのように思われたくなくて」のように、本音が出てきたりします。

なかには、それでも心の痛みを拒絶する人もいます。

そういう場合は、「これはあなたが成長するチャンスだよ。成長には痛みを伴うから、筋肉と一緒なんだよ。心にもメンタルマッスルというのがあって、心の筋肉痛が起きないと心は成長しないんだ」と伝えます。

すると、そのときは受け入れられなくても、何かの拍子に「あのときは、やっぱり自分に問題があったな」と思えるようになるものです。

改善のフィードバックにもマジックワードはあります。

それは「○○さんらしくないね」の一言。

これは相手のことを認めたうえで、「もっとできるよね」と暗に求めている言葉です。

この一言を言われたら、「あっ、認めてもらえてるんだ」「そっか、確かに自分らしくない行動だったかも」と相手は厳しい意見でも受け止められるようになります。

逆に、NGワードは「なんでできなかったの？」とネガティブな聞き方をすること。

「どうすればよくなると思う？」という聞き方に変えれば、途端に未来に意識が向きます。**私はこういう質問を「未来質問」と呼んでいます。**

人は自分で発見したものは忘れません。だから相手が発見するように導くのが最上のリーダーです。

人を育てるのは、本当に大変です。

リーダーは「ここまでしないといけないのか？」と何度もくじけそうになるでしょう。それでも、部下が成長した姿を見たら、きっと「やってよかった」と思う日が来るはずです。

禅宗の教えで「啐啄同時《そったくどうじ》」という言葉があります。

これは、卵の中のヒナが殻を破って外に出ようと卵をつついているとき、親鳥も外側から卵をつついて手助けをすることを意味しています。

啐啄同時は「またとない好機」という意味もあります。

図3－6　部下が自分で殻を破るのを手助けする「厳愛フィードバック」の法則

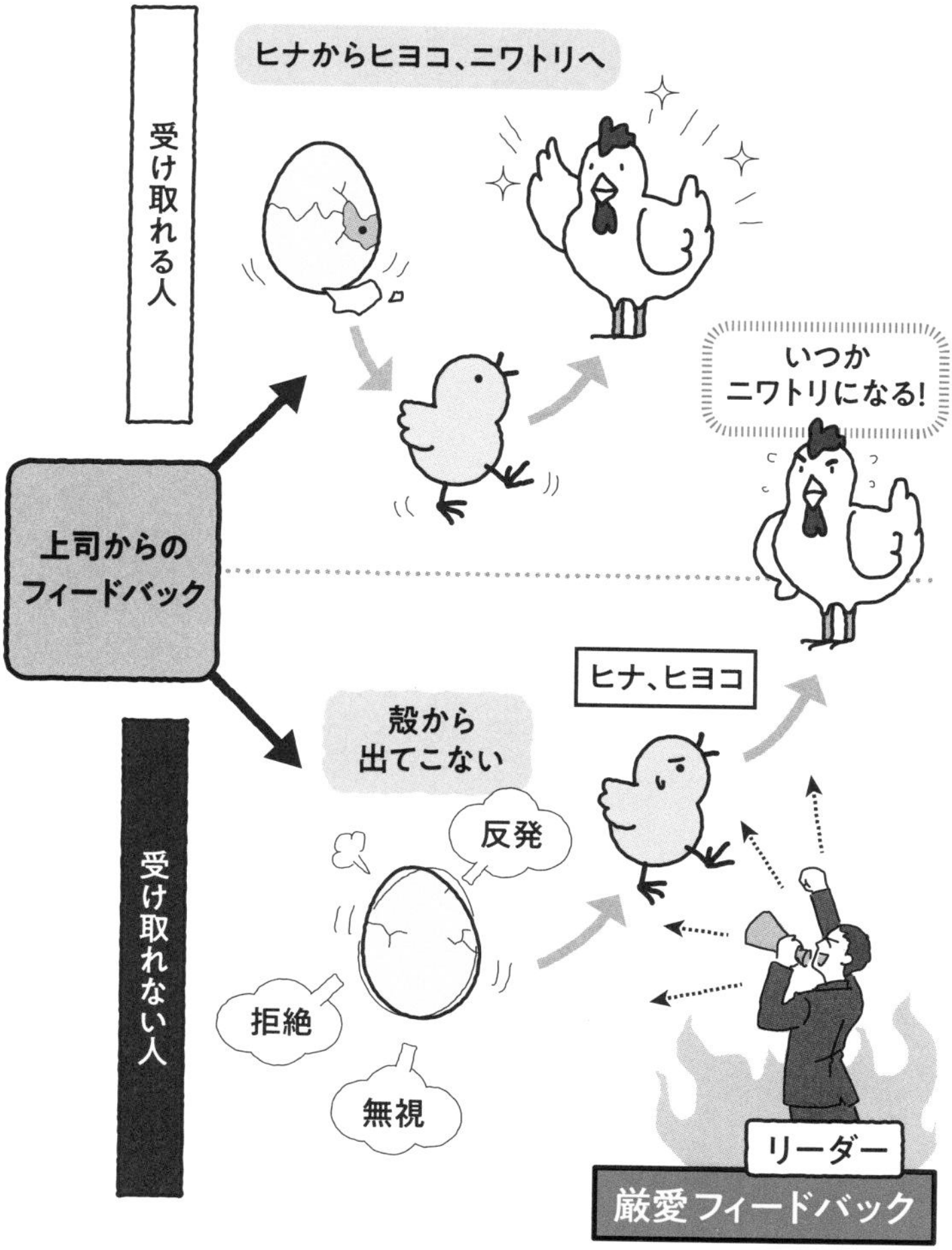

つまり、部下が成長できる好機に上司がどこまで手助けできるかがカギなのです。

まずは部下が自分の殻を破れる日を待つこと。殻を破るのはリーダーではなく部下自身です。

そのうえで、殻を破るタイミングでリーダーがフィードバックしたら、部下は見事に成長できるでしょう。

上司は部下の成長を諦めずに、卵の外でねばり強く待って欲しいと思います。

第4章

「行動の質」をパワーアップする法則

0 一人の「しくじり」はみんなの財産

この章では、チームの行動の質をパワーアップするための法則を紹介します。

そのためには、やはり「失敗できる場」をいかにつくるかがポイントです。

以前、ある管理職の女性に、「私が次の新製品のＰＲ担当なんですけど、絶対に失敗したくないんです。どうすればいいんでしょう」と相談を受けました。

私が「失敗しないと成功しませんよ。だから、最初に失敗することです」と答えると、無言で去っていきました。きっと「そんな答えが欲しかったんじゃない……」と思われたのでしょう。

おそらく、この方の上司は失敗できない環境をつくっており、この方も部下に失敗できる場をつくれていないのではないかと思いました。

リーダーが失敗を恐れていたら、部下も失敗できなくなります。

だからリーダーは失敗の大切さをあれこれ説くより、自分の失敗をチームのみんなと共有しましょう。それだけで、部下に「失敗しても怒られないんだ」と心理的安全性が生まれて、チャレンジするチームになっていきます。

よく言われることですが、**失敗は学びの宝庫なのでチームの財産です。**

一人ひとりの「しくじり」をみんなで共有し、次のチャレンジにつなげましょう。

私も初めてセミナー講師をしたとき、嫌な汗をたくさんかき、終わった直後は、「二度と人前で話したくない。自分には向いていないな」と激しく落ち込みました。

私はそれまでは旅行会社に勤務していて、人前で話す経験はほとんどありませんでした。それでもビジネスセミナーや講演会には何度も参加していたので、何となく「自分にもできるだろう」と軽くとらえていました。

そのときの研修は参加者4人だったのですが、そのうち3人は私の友人です。いわゆるサクラです。純粋に興味を持って参加してくださったのはたった一人でした。

「友達が目の前にいるなら、気楽に話せるだろう」と思っていたら、とんでもない。前日の夜は緊張のあまり、眠れませんでした。

当日は「こんにちは、本日の講師を務める加藤芳久です」という第一声から声が震えるし、何度もつっかえるし、顔が真っ赤になっているのが自分でもわかるし、もうメタメタでした。

いっそ、この仕事は辞めようかと考えました。けれども、同時に「**自分が自分のことを諦めたら、成長が止まってしまう**」とも思いました。

結局、「これぐらいで諦めたくない」という気持ちが勝ち、私は再チャレンジすることにしました。それから話し方教室に3年間通い、何度も何度も失敗しながら、何とか人前で話すのを生業にできるようになったのです。

本書を手にしているリーダーの皆さんは、新人の頃は私と同じように失敗しても自分で何とかしてきた方ばかりかもしれません。だからこそ、失敗を恐れる新人を見て歯がゆく感じるときも多々あるでしょう。

こればかりは時代の流れで、学校教育や家庭環境、ＳＮＳの影響で失敗を恐れる若者が増えているので、ある意味仕方ないことです。

だから、失敗を恐れないように職場で育てていくしかありません。

図4－0　失敗しないと成功にたどりつかない

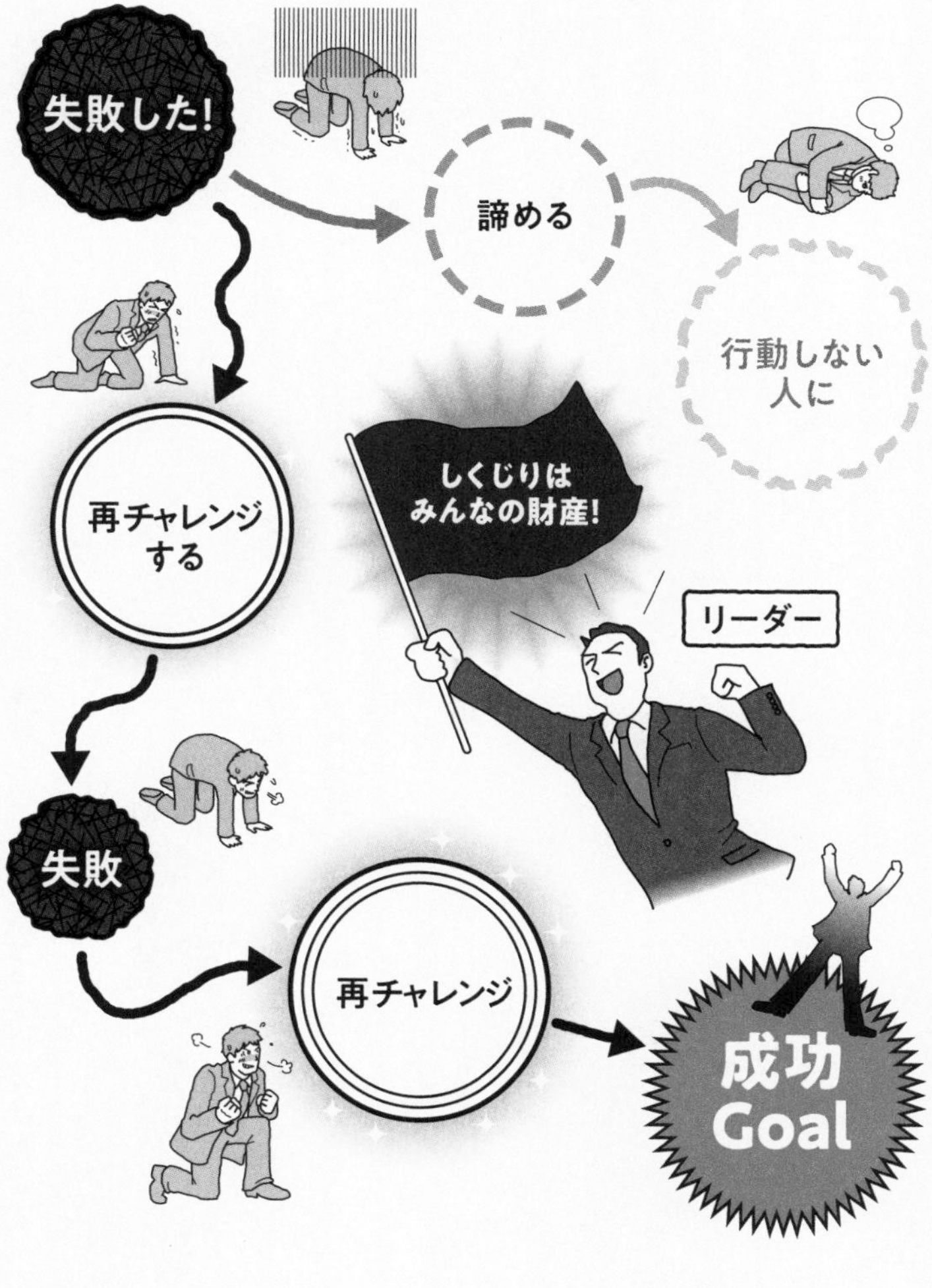

失敗をしたら、その次の行動は「諦める」「再チャレンジする」の2つに分かれます。

「諦める」を選んだら、その先は「新しいことにチャレンジする→また失敗する→諦める」となり、そう遠くない未来に「失敗を避けて、最初から行動しなくなる」になります。口ぐせは「どうせムリ」です。

「再チャレンジする」を選んだら、その先は「新しいことにチャレンジする→また失敗する→再チャレンジする」のようにチャレンジと失敗の繰り返しになります。いずれ、失敗の数は減っていくでしょう。

このことからも、最初の頃の失敗で諦める道を選ばせないようにリーダーは導く必要があります。

そのためにこの章の法則は必ず役に立つと思います。

1 思考のクセを変えれば行動は変わる「経験学習」の法則

一口に行動の質を上げると言っても、職種や部署によって求められる行動の中身はさまざまです。しかし、求められるものは違っても、行動の質を上げる方法には共通の法則があります。

その一つが、「思考のクセを変えれば行動が変わる」という法則です。思考のクセとは、心のクセとも言い換えられます。

何かうまくいかないときは「なんでうまくいかなかったのかな?」、うまくいったときも「何がよかったんだろう?」と振り返る人もいれば、「私なんてどうせ何をやってもダメ」と全否定する人もいます。

これらは自分で意識していないのに自動的に考えてしまうクセです。

こういった「思考のクセ」は経験学習によって変えることが可能です。

経験からの学び方を提唱したのが、アメリカの組織行動学者のデイヴィット・コルブの「経験学習モデル」です。

自分の経験から何かを学んで成長できる人と、同じ経験をしても学んだり成長したりできない人の違いはどこにあるのか。

コルブは、その違いは何かを調べて、経験から学んで成長する人の行動には共通点があることを発見しました。

それは、「経験」「内省」「言語化」「実践」という4つのステップを繰り返しているという点です。言葉は私なりに変換して、やさしく再表現しています。

失敗を経験したとき、「失敗しちゃったな。次頑張ろう！」では人は成長しません。

経験を振り返って、なぜ失敗したかを分析して、原因を探り、どうすればいいのかを考え、それを次に活かす。もしも、それがうまくいかなかったら、別の解決策を考えて実行する。それを繰り返すことで、経験がバージョンアップしていくというのがこのモデルの効果です。

ここで、経験学習モデルの具体的なステップを紹介します。

ステップ1　経験

業務や活動の中で何かを経験するステップです。

成功したこと、失敗したこと、ルーティンワークなどあらゆる経験や言動、感情の変化が含まれます。

ステップ2　内省

経験を振り返って評価、分析するステップです。

一つひとつの経験を振り返って、何が起きたのか、もっと改善できることはなかったかなどを分析します。うまくいったときも、その理由や原因を分析すると、次からも活かせる材料が見つかります。

「今回のプロジェクトがうまくいったのは、準備期間が半年間もあったからだ」

「関連部署とのミーティングをこまめに開いて時間を取られすぎた」

「人任せにし過ぎた。もっと主体的に関わるべきだった」

このように一つずつ細かく検証していきます。

このステップで思考のクセが出やすくなります。

たとえば、プレゼンがうまくいかなかったことを振り返って、「自分は人前で話すのが下手だから失敗したんだ」と決めつけてしまう人は多いでしょう。もっと深掘りすると「失敗して傷つきたくない」という心のクセがわかることもあります。「人前で話すのが下手」という思考のクセがある部下に、「本番前に私にプレゼンしてみるのはどう？」と提案してみると、「なんだ、上手にできてるじゃん」となって、本人の思い込みだとわかる場合もあります。

本当はそうではないのに、本人はネガティブにとらえる「認知のゆがみ」が起きていたら、そこを改善しないと行動も変わりません。**一つひとつ行動を分析することで認知のゆがみに気づき、それを解消できれば行動は変わっていきます。**

ステップ3　言語化

「言語化」というと抽象的ですが、要は**「共通点を探してノウハウにする」**という意味です。

ステップ2の内省で分析したことを、次に同じ状況になったときや似たようなシチュエーションで使えるように、大切なポイントを整理してノウハウ化します。

「準備期間が半年間あったからプロジェクトはうまくいった」↓大きなプロジェクトは事前準備に力を入れる
「関連部署とのミーティングをこまめに開いたが効果はなかった」↓担当のリーダーだけのミーティングにする
「クライアントとのやりとりが混乱」↓部署の窓口を一つにする
このように「どうしてできたの?」「どうすればうまくいったの?」と問いかけながらノウハウに結びつけていきます。

ステップ4　実践

ステップ3で考えたノウハウを実践してみます。それが新たな経験になり、うまくいったことはさらに精度を上げ、結果をフィードバックし、うまくいかなかったら改善点を考えながらサイクルを回していきます。

経験学習モデルは、4つのステップを回すところだけを見るとPDCAサイクルと似ています。経験学習モデルは行動に着目するのではなく、内省によって思考のクセや個人の思い込みなどを見つけて改善するので、根本的な解決になります。

経験学習モデルは一人で実践して成長することもできますが、思考のクセには自分ではなかなか気づけません。1on1をするときも、ぜひこのモデルを参考にしてください。また、チームで実践すると、仲間に思考のクセを見つけてもらいやすくなります。

とくにネガティブ思考の人は放っておくとどんどん悪い考えになっていき、それが行動を止める原因になりがちです。だから「今、ネガティブ思考になってない？」とストッパーになる存在が必要です。

チームのみんなで互いに思考のクセや思い込みを共有すれば、それを活かすこともできますし、ストップをかけることもできるでしょう。

ただし、経験学習モデルで気をつけていただきたいのは、一歩間違えるとチームのみんなで一人を総攻撃する状態になることです。

「また同じミスをしたの？」「これぐらい、どうすればいいのかわからなかった？」のようにダメ出しの場になったら、間違いなく言われた人は心が折れます。

そうならないためには、信頼関係をしっかり築けていなくてはなりません。だから行動からではなく、第2章の関係の質から変えるのが重要なのです。

図4－1　思考のクセを変えれば行動は変わる
「経験学習」の法則

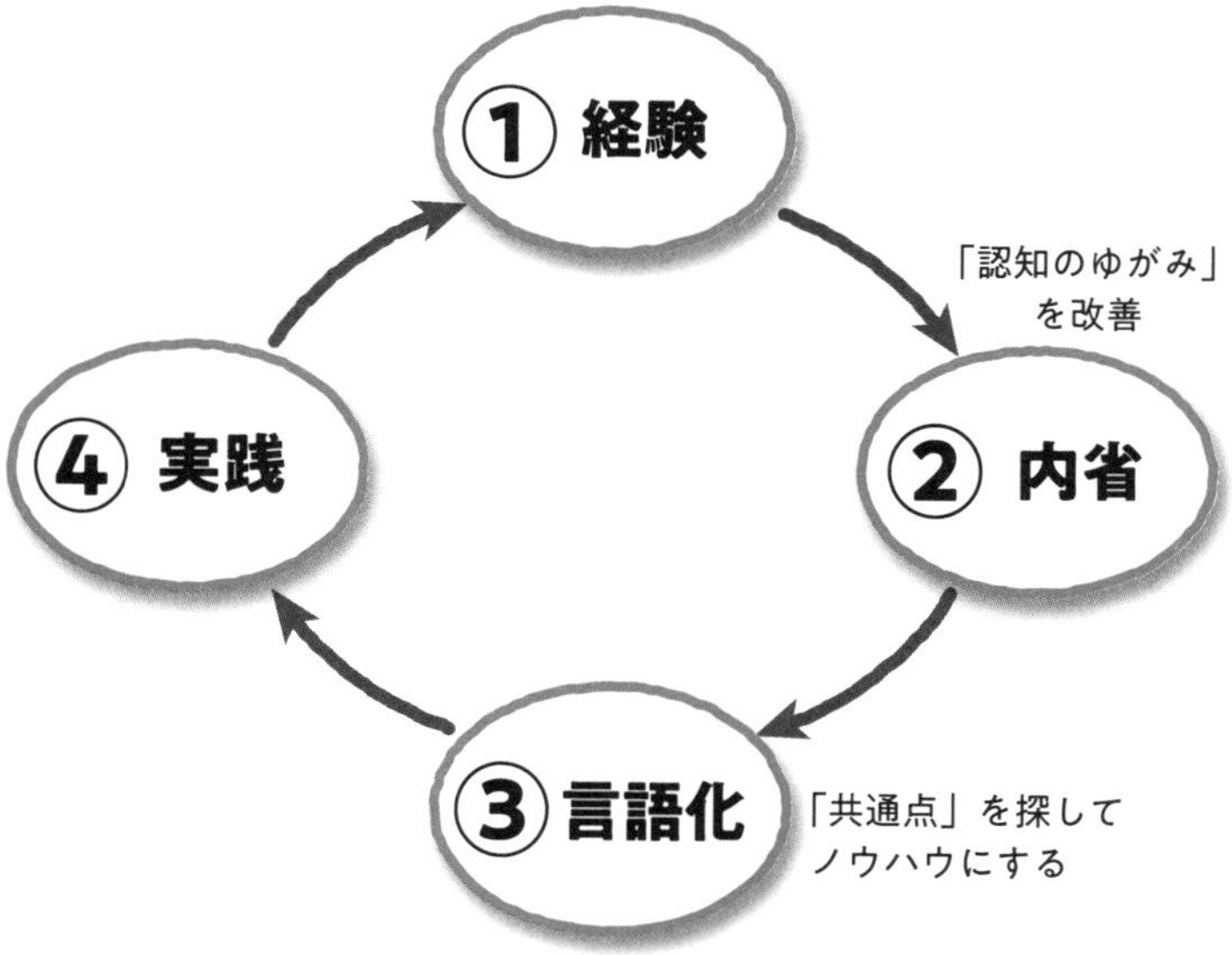

チームで協力して
お互いの「思考のクセ（心のクセ）」を共有しよう！

2 自由に行動できる範囲を決める「フェアウェイキープ」の法則

「うちの部下は、自分の頭で考えない」
「自ら行動しようとしない」
と考えているリーダーに実践していただきたいのが「フェアウェイキープ」の法則です。ゴルフのルールでは、スタート地点からボールを入れるカップまでの間のプレーができるエリアがフェアウェイ、そこから外に出てしまうとOBでペナルティが課せられます（実際には両者の間にラフがありますが、ここでは省略します）。

わかりやすく言うと、芝生が綺麗に刈り込んであって整備されているところがフェアウェイです。ちなみに、フェアウェイというのはもともと「安全な航路」という航海用語だそうです。

では、「ビジネスにおけるフェアウェイとはどこなのか？」それを示すのがリーダー

の役割です。「フェアウェイの中だったら自由に打っていいよ、でもここの端を越えたらOBだよ」と線を引くと、部下は安心して行動できるようになります。

たとえば、第1章でご紹介したアウトバックでは、ハンバーガーチェーンなどでよくある画一的な接客を一切やらず、接客トークはスタッフ一人ひとりに任せています。

アウトバックはテーブル担当制で、お客様がテーブルに着いたら、自分の名前を伝えて「本日はよろしくお願いいたします」と挨拶することになっています。お客様が来店されたときは挨拶をする、オーダーを聞くときは復唱する、お見送りをするときも挨拶をする、などのフェアウェイはあります。

それ以外は、「今日は何かのお祝いでいらしたんですか?」とグループのお客様に尋ねたり、小さなお子さん連れの場合は「塗り絵をお持ちしましょうか?」と声をかけたり、自分で考えながら接客してもらいます。

常連さんの顔と名前を覚えて、「いつもご利用いただき、ありがとうございます。前回、お召し上がりになったのはこのメニューでしたが、今回はこちらはいかがですか?」のように伝えたら、お客様も「覚えていてくれたんだ!」と感動するでしょう。

ただし、常連さんに「久しぶり〜、元気だった?」のようにくだけすぎるのは

ＮＧです。これはフェアウェイからはみ出してしまいます。

フェアウェイが示されていないと、部下はどこをどう進めばいいのかがわかりません。一方で、マニュアルやチェックリストを作って「この通りにやりなさい」と統制するマネジメントだと、管理はラクかもしれませんが、管理される側は働く喜びを感じられなくなります。そもそも、マニュアル通りの接客では神対応は生まれません。

広すぎず、狭すぎないフェアウェイをリーダーが決めて、自由に動けるようにすると、部下も迷わず行動できます。

それでは、フェアウェイはどのように決めればいいのでしょうか？

実は、その答えは多くの場合、みなさんの会社の経営理念の中に書いてあります。

アウトバックのケースでは、「『思いやり』と『まごころ』を込めた食の提供を通じ、従業員、お客様、ご縁のある方々に〝感謝〟と〝喜び〟を届け、『皆さまが〝幸せ〟になってもらえる会社になる』」というミッションと、「日本一たくさんの感動物語が生まれる会社になる。」というビジョンがあります。

ミッションとビジョンに沿っていればフェアウェイの中、そうでなければＯＢです。

図4－2　自由に行動できる範囲を決める
「フェアウェイキープ」の法則

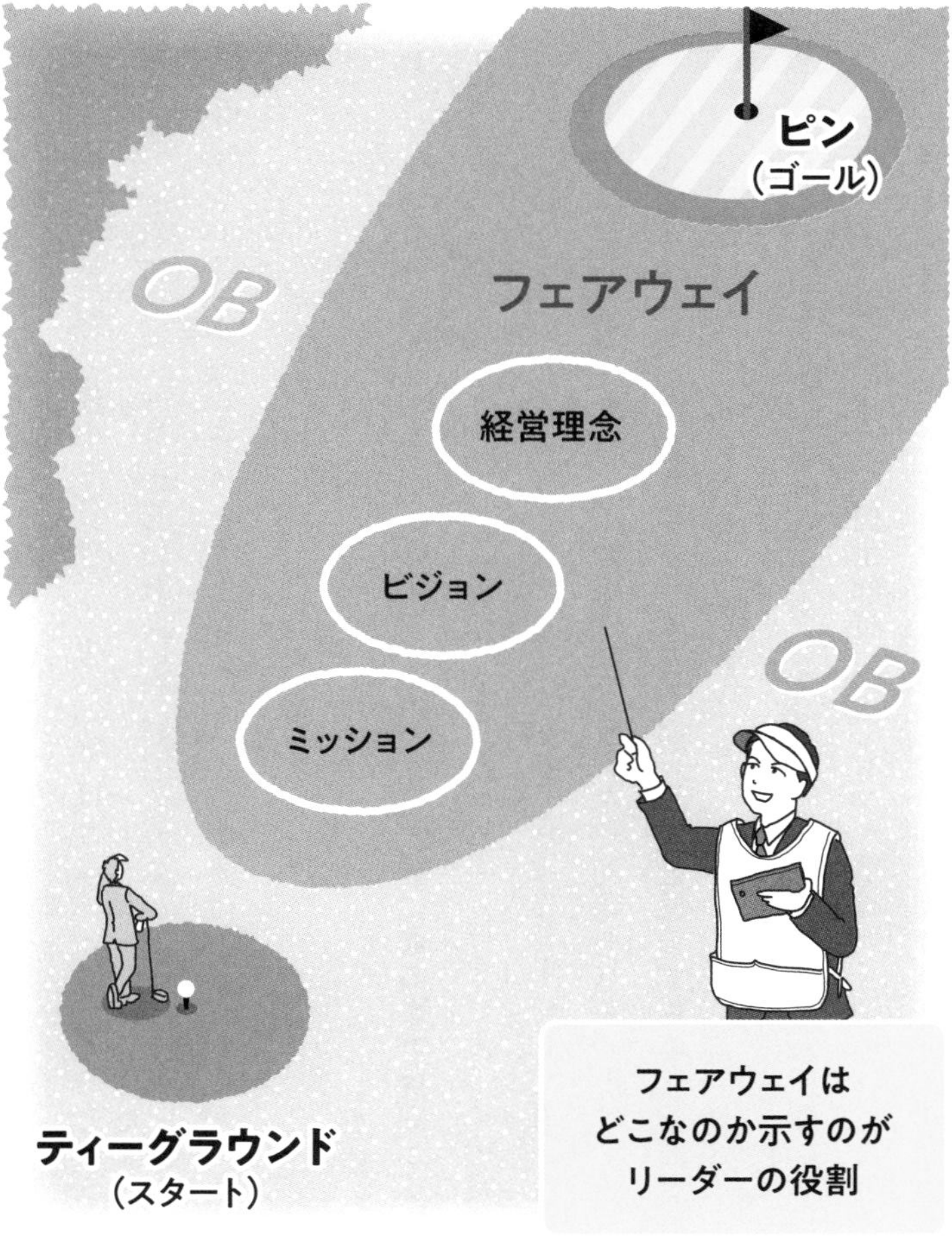

お客様にファンになってもらうのはありがたいことです。でも、常連さんとずっと会話で盛り上がっていたら、「他のお客様への思いやりはどこにいった？」という疑問が生まれます。それはミッションから外れるのでOBとなるのです。

もしチームのメンバーがフェアウェイから出てしまったときは、リーダーが軌道修正しましょう。

とくに新人には周りの人のサポートが必要ですから、**一人前になるまでは細かく軌道修正して**フェアウェイとOBの境目を覚えてもらわないといけません。その段階では「これはいいけど、これはダメ」と指導して、OBで何度も打ち直してもらう場合もあります。打ち直してフェアウェイに戻せればまったく問題ありません。

ただし、**ペナルティは与えないように**。ミスをしたら評価を低くするような減点方式だと、部下はミスや失敗を恐れるようになります。

本人も望んでOBに打ち込んだわけではありません。それよりも、途中で「もうこれ以上やってもムダ」と諦めずに、何十回打ってでもフェアウェイに戻れることが大事です。リーダーはリカバリーの仕方を教えて、辛抱強く付き合いましょう。

なお、指導する際に1から10まで教えたら指示待ち人間を大量生産してしまいます。**私は部下にヒントは出します。**サポートもしますし、「こういう風にやったほうがいいよ」とある程度の口出しはします。それでも、全部は言わずに、1から8までにとどめて**本人に考えさせる余地を残すのが大事です。**いずれ1から6になり、いつか2、3教えたらすぐに行動できるようになります。

そして、10のうちの8割くらい自分でボールを打てるようになったら、フェアウェイの中で自由に打たせていいタイミングです。打ち合わせに一人で行ってもらったり、企画書も書いてもらったりして、徐々に独り立ちさせていきます。

独り立ちしても、最初は失敗だらけでしょう。

私も、部下が教えたとおりにしていないと落胆することはあります。それでも、「自分もこういう時期があったな」「一緒に理念を実現させるための同志なんだよね」「自分の指導力不足だな」と考えるようにしています。

「すべての因は我にあり」なのです。

結局のところ、部下の行動を変えられるのは上司のサポート次第なのです。

3 一人ひとりの問題解決に全集中「はなまる会議」の法則

私がコンサルティングでよく実践する「はなまる会議」というセッションがあります。

第1章でご紹介したカードファシリテーションは、関係の質だけではなく、行動の質を変えるためにも応用できます。

はなまる会議の目的は、問題解決、リーダーシップ開発、チームビルディングの3つです。とくにチームビルディングはテレワークやリモート会議で人間関係が希薄になっている今こそ、有益です。

はなまる会議の手順は、主に5ステップです。

1、問題提起
2、質問タイム

3、真の問題発見
4、アクションを決める
5、サポートの約束

1、問題提起

まず、チームの一人に、現在自分が問題だと思っていることを2～3分で話してもらいます。

会議では、一つの問題について30分か40分ぐらいかけて話し合っていきます。

2、質問タイム

提起された問題に対してチームのメンバーがカード(付せん)を使って質問をします。

たとえば「SNSに頼らない営業方法を知りたい」という問題提起に対して、

「伝えていきたいメッセージはなんですか?」
「顧客の具体的なイメージは?」
「人と話すことは好きですか?」

など、自由に質問します。

付せんは模造紙やホワイトボードに貼っていきます。

問題提起をした人は質問を読み上げて、一つひとつの質問に答えます。

「私は人と話すのはあまり好きではありません。でも、SNSだと伝えられることが限られてしまうし、誤解を招きやすいので、リアルなコミュニケーションのほうがいいのかなって感じています」というように。

一見、問題とはズレた質問からでも、問題の本質につながるような言葉を引き出せるので、質問は制限しないのがポイントです。

3、真の問題発見

すべての質問に対して答えてもらった後、チームのメンバーに「これが真の問題では？」と感じたことを、新たにカードに書いてもらいます。

このとき、質問に対する答えがよかった・悪かったという理由だけではなく、質問に答えているときの熱が上がった下がった、表情が明るくなった曇ったなど、言葉以外の情報もひっくるめて判断するのがコツです。

「そもそも伝えたいメッセージがないのなら、SNSだとうまくいかないという理由にならないのでは？」

「SNSでも、もっとやれることがあるのに本気でやってないのでは？」

このように、辛辣な質問も出てくるかもしれません。

その質問をみんなで見ながら、「これが真の問題かもね」と感じたカードにみんなで星印をつけていきます。

最後に、問題提起をした本人が、星印のついたカードの中から「これが真の問題だな」と感じたものにはなまるをつけます。

4、アクションを決める

ステップ3ではなまるをつけた真の問題に対して、具体的にどのような解決策をとるのかを考えます。

「SNSでも、もっとやれることがあるのに本気でやってないのでは？」という質問にはなまるをつけたのなら、それに対してどんなアクションを起こせばいいのか、アイデアをみんなでカードに書いて出し合います。

「ＳＮＳの効果的な使い方を勉強する」

「１日に何回ツイッターでつぶやくかを決める」

さまざまなアイデアが出たら、またみんなで「この方法がいいんじゃないか」と思うカードに星印をつけます。

そのうえで、問題提起をした当人が、星印がついたカードの中から「これをやってみます」というものにはなまるをつけます。

当人が「ＳＮＳの効果的な使い方を勉強する」というアクションを選んだとしたら、いつまでにやるかという期限も決めます。期限を決めると行動に結びつきやすいので、これは大事なポイントです。

5、サポートの約束

最後に、チームのみんながはなまるに選ばれたアクションに対してどんなサポートができるのかをあげていきます。

一人で行動するのではなく、「周りのみんなが応援団になってサポートするよ」と伝えることで、本人は行動に移しやすくなるのです。

図4－3　仲間の問題解決をチーム全員で考える
「はなまる会議」の法則

最初のはなまる会議は、いったんこれで終わりです。

次は、２週間後くらいに、別のメンバーが問題提起者になって同じことをします。問題を提起する人と、サポートする人を順番に交代していくと、お互いに助け合う関係が築かれていき、メンバー同士の関係の質が上がります。

関係の質が上がると、「みんながサポートしてくれているんだし、やってみよう」「みんなも問題解決に向かって動いてるんだから、私も頑張ろう」と行動するためのスイッチが入るのです。

ある企業ではなまる会議の最中に、若い女性が泣き出したことがありました。「みんなからの質問を受けるのがツラかったかな？」と思ったら、「自分のことをこんなに一所懸命みんなが考えてくれたのが嬉しくて、もう泣けてきます」という理由でした。

確かに、誰かが何か問題を抱えていても、普通は上司や先輩が指導するくらいです。**自分の問題に対して、チーム全員が一所懸命考えてくれるような体験は、職場ではなかなかできない**のだと、私もそのとき初めて気づきました。

しかも、自分の問題に対して、みんながサポートしてくれるのですから、こんなに嬉しいことはありません。

そこまでしてもらえたら、行動しよう、行動を変えようと思えるでしょう。

なお、はなまる会議の後は、「これをやってみてどうだった?」「問題は解決した?」「アクションは適切だった?」という**振り返りを必ずやってもらいます。**

振り返りがないと、うまくいかなかったときにそのままにしがちです。フォローしながら、その問題を解決するところまで完走できたら、きっと問題を解決する楽しさに目覚めることでしょう。

4 行動を変えるなら環境から「職場を再建できる3つ」の法則

「時を守り、場を清め、礼を正す」

これは、戦前から戦後にかけて教育者として多くの名言を残した森信三先生の言葉です。森先生は「学校職場の再建三原則」として、この言葉を使っていますが、これは現代でもそのまま職場再建の3つの法則として通用します。

第3章でご紹介したオーケーズデリカは2020年からのコロナ禍で大打撃を受けました。学校の給食事業を手掛けていたので、緊急事態宣言で休校になって売上が激減したのです。窮地に追い込まれるなか、「会社が一つにならないと乗り越えられない」と危機感を抱いた社長から、私に依頼がありました。

そこで、私はこの3原則をさっそく実践してみました。

1、時を守る

すべての時間を守るということ。

うまくいってない会社は遅刻する人が多い、夜遅くまで残業している人が多いなど、時間の管理がうまくいっていない傾向があります。

昔からよく言われていますが、5分前を意識して行動する、相手の時間を尊重する、ということを徹底するだけで職場の雰囲気はガラリと変わります。

オーケーズデリカでは、すべてにおいて開始時刻を守ることから始めました。提出物の締切も守るように徹底しました。

2、場を清める

場を清めるとは整理整頓、掃除をすることです。

多くの職場で、トヨタ自動車の「5つのS（整理、整頓、清掃、清潔、しつけ）」を実践するのが定着しています。その理由は、環境を整備すると小さな変化に気づき、謙虚になり、感謝の心を養えるなどの効果があるからです。

整理整頓してきれいにしていると、「ここの汚れが気になる」「机が乱れている」のような、小さなことにも目が向くようになります。そうやって意識が磨かれていくと、人の変化にも気づけるようになります。

オーケーズデリカでは部署ごとに環境整備を実践することになりました。

たとえば、業務用冷凍庫の扉に氷がびっしりと付いて扉の閉まりが悪くなっていたので、金づちで氷を落として扉の開け閉めをスムーズにしたり、社屋周りの清掃をしたり、事務所の資料やパソコンのデータを整理するなど、ありとあらゆるところの清掃や整理整頓を行いました。部署によっては、「物の置き方は水平・垂直・等間隔に」とルールを決めたり、資料のファイルを分野ごとに色で分けるなど、かなり細かいところまで徹底して整理しました。

その結果、社内がキレイになったのは言うまでもなく、効率的に業務を行えるようになり、さらに小さな改善点を見つけられるようになりました。

3、礼を正す

森先生は、礼を「挨拶や返事をしっかりと行うこと」としていますが、私はさらに一歩踏み込んで、**礼儀や礼節を守ることだと解釈しています。**

言葉遣いや身だしなみ、長幼の序をわきまえるなど、最低限の礼儀もあれば、人としての在り方も含まれます。

オーケーズデリカには、「菜友」という学校給食の予約・集金管理システムを販売しているグループ会社があります。こちらでは、「元気よく挨拶をする」ことを徹底することにしました。

ただ「元気よく」といっても、どれぐらいの声を出せばいいのかわかりません。そこで、騒音計を社内に置いて、どれぐらいの声が出ているのか数値でわかるようにしました。

さらに、床には「アイサツゾーン」を設定。テープを貼ってわかるようにし、そこに入ったら立ち止まって挨拶することをルールにしました。

元気よく挨拶をすることで、お互いに気持ちがよくなり、お客様にも元気になってもらえるなどの挨拶の意味を見つめ直し、目標の声量を65デシベル以上として一人ひとりが達成できているのか評価するようにしました。

その結果、元気な挨拶が飛び交い、職場の雰囲気がとても明るくなりました。

図4－4　「職場を再建できる3つ」の法則を実践した
オーケーズデリカ

こういった取り組みは、一つひとつはささいなことにすぎません。職場再建の三原則にしても、昔から言われていることばかりで特段に珍しい法則でもないでしょう。しかし、それらを全社員で取り組むところに、かけがえのない意義があるのです。毎日、みんなが「会社をもっとよくするためにはどうすればいいか」を考え、改善していく過程で、バラバラになっていたベクトルは同じ方向に向くようになります。オーケーズデリカはコロナ禍以前よりも社内の結束感は強くなりました。新しく第二工場を新設するなど、明るい兆しが見えています。

業績が悪化したからと言って、目先の利益を上げるために人員削減やコストカットなどに追われるより、職場再建の三原則を実践して社内のベクトルをそろえるほうが、結果的には最短で職場を蘇らせるのだと証明できた実例です。

私は、前職では始業前にトイレの掃除をしていました。

それも、「私がやります」と自ら手を挙げて、7年間毎日やり続けました。人が一番やりたがらない仕事をすることが、自分は成長できると考えていたからです。

途中新人が入ってきて「私がやりましょうか？」と言われても、「いや、僕がやるからいいよ」と言って、自分でやり続けました。

会社のトイレにはちょっとした棚があったので、ウェルカムメッセージとして「ようこそいらっしゃいました」「一緒に世界を変えていきましょう」という額を作って、置いたりしていました。

トイレを使ったお客様から「あれいいね」と言っていただけたり、当時の社長が「うちの加藤がやったんですよ」と説明して微笑ましい空気になったりして、環境整備の効果はあったのではないかと思ってうれしくなりました。

また、お客様の来社予定がわかっているときは、「○○様、ようこそいらっしゃいました」というウェルカムボードを作って玄関に置いておきました。来社したお客様は、「ここまで歓迎してもらえるなんて!」と感激されていました。

さらに**ウェルカムボードと一緒にお客様と私とで記念写真を撮り**、その写真を使って「素晴らしい笑顔が印象的でした」という**メッセージ入りの御礼状を作って送りました**。

そこまでしたらお客様にも「いい会社だな」と必ずファンになってもらえます。そのお客様とは、私がその会社をやめた今でもお付き合いが続いています。

5 いつでも全力投球できるようになる「フルスイング」の法則

大リーグで活躍中の大谷翔平選手は、時にヘルメットが脱げるぐらいの勢いで初球からフルスイングをします。

三振もありますが、ボールに当たったときは場外ホームランになるぐらいの爆発力があります。フルスイングをしているからその勢いが生まれるのでしょう。

仕事もいつでも全力で取り組んでいると、うまくいくこともあれば、大きく失敗するときもあります。それでも失敗を恐れて何もチャレンジしないでいるより、ずっと尊い行為です。

だから大きな失敗をした人こそ、賞賛されるべきだと思います。

そんな想いを込めて、**私は「フルスイング大賞」をおすすめしています。**

年に1回、その1年でもっとも大きな失敗を選んでみんなで盛大に祝う賞です。ノーベル賞に対するイグノーベル賞のようなものかもしれません。

受賞する人は失敗しているので、なんだかちょっと複雑な表情になります。けれども、みんなが「ナイスチャレンジ！」「ナイストライ！」とお祝いムードなので、「まあ、ほめられたからいいか」と悪い気はしません。

失敗を肯定的に受け止めてもらえたら、「また頑張ろう」と思えるでしょう。次は大きなホームランを飛ばせる可能性を秘めています。

つまり、**フルスイングできる職場のほうが大きな成功を引き寄せる確率が高くなる**のです。これが、「フルスイング」の法則です。

長い目で見ると、失敗を厳しく追及して責任を取らせる方法はあまりいい結果を生みません。

不正を働いたのならともかく、全力で取り組んで失敗したのなら、むしろねぎらうべきではないでしょうか。その失敗は会社にとって大きな財産になります。

失敗を許さない職場になると、**部下は萎縮して失敗しないような仕事しかしなくなります**。部下は成長しなくなり、いずれ業績も悪化していきます。

さらに、失敗を隠すようにもなるでしょう。それが不祥事につながるので、失敗を許さない職場ほど、実は危険地帯に足を踏み入れています。

仕事をしていれば、誰でも不安になることがあります。

「自分が無能だと思われたくない」

「失敗したら評価が下がるんじゃないか」

「これをやると嫌われるんじゃないか」

真面目な人ほど、こんな気持ちを隠すために「人からよく見られたい仮面」「いい人でいたい仮面」をかぶって無理をしてしまいます。

仮面をかぶっている限り、偽りの自分でしかいられません。みんながみんな仮面をかぶっている職場に、これからも毎日通おうと思えるでしょうか？

やはり企業の未来を考えるなら、**果敢にチャレンジする人が評価される場であって欲しい**と思います。

もちろん、失敗したときは改善すべきところをきちんと指導する必要はあります。時に叱らなくてはならない場面も出てくるでしょう。そのうえでフルスイング大賞に推薦すれば、自分を評価してくれているのだと部下もわかります。

前例がないチャレンジは、時に思わぬ結果を呼ぶことがあります。

前述したアウトバック（ステーキハウス）のある店舗を訪れたお客様から伺ったエピソードですが、お客様が「パソコンを使って仕事をしたいから電源が欲しい」とリクエストしたところ、スタッフは他のお客様の迷惑にならないように端っこの席を用意したそうです。

そこまでは、誰もができる気遣いです。

さらにそのスタッフは、その席が電源から離れていることに気づき、**「延長コードをお使いになりますか？」**と声をかけたそうです。

するとお客様はとても喜ばれて、「今までいろいろなところでパソコンを使ったけど、延長コードに気づいてもらえたのは初めてです」と帰るときにわざわざそのスタッフを探して御礼を言われたそうです。

これは失敗ではなく成功したエピソードですが、まさにフルスイングから生まれたホームランというところでしょう。

お客様がパソコンを使うことを想定しているカフェならともかく、ステーキ専門店です。「電源はお貸しいたしかねます」とお断りしても問題なかったでしょう。

ところが、そのスタッフは電源の使用を承諾しただけではなく、とっさに延長コードまで貸しました。お客様もそこまで望んでいなかったでしょう。

期待値を超えられたから、お客様の心に深く響いたのです。


そして大事なのは、リーダーは誰よりも大きくフルスイングをしなければならないという点です。

リーダーの指示なしで動くチームになるためには、ここまでの章でお話ししてきたように関係の質と思考の質の改善が必要です。

それでも、まだ部下たちがチャレンジするのを恐れているとき。リーダーが自らリスクに飛び込むファーストペンギンになるしか、突破口はありません。

それまでリーダーの指示通りにしか動けなかったメンバーが変わるのには、ある程度時間がかかります。ですので、最後はリーダー自身の行動で変えるしかないでしょう。

たとえば、大口顧客のクライアントからムチャな要求をされて「要求を突っぱねたら契約を切られるかもしれない」と部下が躊躇《ためら》っていたとします。

ここで上司が「とにかく、相手を説得して」と丸投げしたら、部下は追い込まれてしまいます。そういう場面では、**リーダーが率先して「自分が責任取るから」とリスクを負う覚悟や姿勢を部下に見せるべきです。**

交渉の現場に同行して、交渉が成功したら部下の手柄、失敗したら自分のせいにすれば、部下は失敗を恐れなくなります。

その交渉が成功しても失敗しても、部下にとってはすぐれた見本です。リーダーが自らリスクに飛び込んだ姿を見て、部下は次に自分も飛び込もうと思うようになるでしょう。

理想としては、誰もがファーストペンギンになれる環境です。

リーダーが最初にリスクに飛び込むこともあれば、部下が飛び込むこともある。ファーストペンギンだらけのチームになれば、リーダーの指示がなくてもみんな伸び伸びと動くようになります。

そのためにも、誰でもファーストペンギンになれる環境をリーダーが整えなくてはなりません。

図4－5　「フルスイング」の法則にはリーダー自らチャレンジしよう

**ファーストペンギンに続くペンギンたちのように、
みんながフルスイングする組織を目指そう**

一度の失敗で奈落の底に落ちて再起不能になる環境だったら、人は失敗ができなくなります。けれども、失敗したとしても「ナイスチャレンジ」「ナイストライ」と言ってもらえる環境なら挑戦できます。

もしチームがそういう場になっていないのなら、関係の質をもう一度見直してみましょう。部下も大きな失敗をしたら一時は傷つくかもしれませんが、その後、傷を修復してさらに強くなってくれます。筋肉の破壊と再生と一緒です。心にも筋肉があるので、そのメンタルマッスルが鍛えられるはずです。

そして、リーダー自身も失敗して傷つくのを恐れないでください。

最悪なのは、失敗したときに言い訳をしたり、「本当は○○さんがやるべき仕事を自分がやったんだけどね」と部下に責任を転嫁すること。「すべての因は我にあり」のスタンスが、部下からの信頼を集めます。

率先してリスクに飛び込んだけれどもうまくいかなかったら、**それを素直に認めてチームで共有すれば、みんなでチャレンジできる場**になっていきます。

6 リーダーは言葉で相手を動かせ「スピーチ with エモーション」の法則

メラビアンの法則は皆さんもご存じかもしれません。

コミュニケーションにおいて情報が相手に与える影響は、表情や身振りなどの視覚情報が55%、喋るスピードや声のトーンなどの聴覚情報が38%、言語情報はたったの7%という法則です。

プレゼンや部下にメッセージを伝えるときにすでに利用している方もいらっしゃるでしょう。

しかし、私が提唱する「スピーチ with エモーション」の法則は確実にメッセージを伝えて相手を動かすという点では、メラビアンの法則を超えていると自負しています。

リーダーの大切な役目は、チームのメンバーに火をつけて行動を促すことです。行動を促すには言葉、声による働きかけが必要です。そこは表情や身振りでは伝わらないので、きちんと言葉にしなければいけません。

そこで私が強調したいのが**ｗｉｔｈエモーションで伝えて欲しい**ということです。部下が仕事の成果を出したとき、「よく頑張ったね」と一言伝えるだけでは、少しか賞賛の気持ちは伝わりません。

「すごいじゃないか！　半年前までは、ここまでしかできなかったんだよ？　それが今はこんなことまでできるようになって、すっごい成長したよね！」

このような感じで大げさに伝えたら、ほめられた側は気恥ずかしいかもしれないけれど、嬉しく感じない人はいないでしょう。

言葉にｗｉｔｈエモーション、気持ちを込める。お手本は元テニスプレイヤーの松岡修造さんです（笑）。

伝わり方が変われば、相手の行動も必ず変化します。

同じ体積でもふわふわのスポンジのボールと、砲丸の球では重さが全然違います。

それは言葉も一緒で、ライト級からヘビー級まで重さに違いがあるものです。同じ時間だけしゃべるとしても、重たい砲丸の球のような言葉を相手に届けるように話すと、相手にドスンと響きます。

たとえば、部下がミスをしてもそれを問題だと思っていないとき。「○○君はもっとできるはずだよ?」と声を落として話すと、「リーダーがここまで言うなら、ちゃんとやらないといけない」と気を引き締めるでしょう。

逆に、部下が落ち込んでいるときに明るい声で「○○君はもっとできるはずだよ」と言ったら、励ましている気持ちが伝わります。

同じ言葉でも、伝え方によって温度差が生じるのです。

話し方は、別の表現をすると、本人の魅力や人間力、影響力の届け方です。言葉と声はエネルギーなので、それを使いこなしてチーム全体を巻き込んでいくのがリーダーの力量です。

弊社では、プロ講師養成講座という話し方の講座を主催・運営しています。参加される方の多くは講師ではなく、人前に立つリーダーです。それだけ、リーダーにとって話し方の重要性が認知されているのだと思います。

話し方を磨くのにおすすめなのは、読書スピーチです。

読書スピーチとは、古典やロングセラー、骨太な図鑑など、本を一冊読んで、その要旨と自分がどう思ったか、どんなところに感銘を受けたのかをコンパクトにキュッとまとめて話す取り組みのこと。

これをやると、語彙と知識が増えることと、物事をまとめる力、表現力がついてきます。

私が読書スピーチを聞いているときは、本の内容より、その人の伝え方にフォーカスしてアドバイスします。**立ち方やジェスチャーも含めての with エモーションです。**

「えーと、この本は芸能人の◯◯さんが勧めていて、面白そうだなと思って読んだら、感動しました」

これでは感動が1ミリも伝わりません。

「ただ『面白かった』って言うより、低くゆっくり『**胸が熱くなりました**』って力強く言うと、感動が伝わるよ」

このように伝え方をアドバイスして意識するようになると、自分の熱量を相手にど

図4−6　「スピーチ with エモーション」の法則をリーダー自ら実践しよう

う伝えるのかを考える習慣が身に着きます。

とくにリーダーは「情理のバランス」を意識して部下とコミュニケーションを取ると、相手を動かせます。

情理とは、パッションやエモーションで伝える情緒と、「なぜそう思ったのか」という理由や理屈などです。機能的な価値と情緒的な価値と両方がないと人は動かないものです。

ですので、理由や理屈に寄りがちな人は、エモーションを伝えるようにすると話に抑揚が出て、エネルギーが振幅して相手に響きます。

読書スピーチはネタバレＯＫ。そのうえで、聞き手が感動して「その本を読んでみたいな」「行動したいな」と思わせられたら上出来です。そのためにも、わかりやすい言葉で面白く、何を伝えたいのかが明確になるのが理想的です。

何を伝えたいのかを明確にするには、「1スピーチ1メッセージ」を心がけると相手の記憶に言葉が残ります。

１回のスピーチであれもこれも情報を入れたら、人はなかなか覚えられません。だから一言に集約された言葉を一つ入れて繰り返しメッセージとして伝えると、相手は覚えられます。

部下への伝え方のレッスンのために、上司もスピーチをしましょう。エモーショナルに伝えるのも最初は恥ずかしいかもしれませんが、それで聞き手の反応が変わると、効果を実感できるのではないでしょうか。

素材は映画やドラマ、ドキュメンタリー、誰かの講演会やコンサートでもいいのですが、言葉という点では読書がおすすめです。

朝礼や定例の会議などで読書スピーチをぜひ実践してみてください。

第5章

次のサイクルにつなげる「結果の質」

0 チームの成長を止めないリーダーであれ

ここまでの章で関係の質、思考の質、行動の質を高めてきました。その積み重ねによって「結果の質」は変わります。

チームの結束力が高まり、一人ひとりの部下が自発的に動き、仕事の生産性が高まったら見違えるような成果が出るようになります。第1章でご紹介したステーキ店のアウトバックのように過去最高の売上を更新していけるでしょう。

ただし、成果が出てそこで終わりではありません。**この先もずっとこのサイクルを回し続けると、チームも組織も無限に成長していきます。**

結果が出てもしばらくすると、いつの間にかチームはバラバラになったり、部下のやる気がなくなっていくこともあり得ます。

何事も、メンテナンスは大事。そのメンテナンスをするのがリーダーの役割です。

グッドサイクルが回り出し、部下が成長してくると、成長しない人との差が大きくなっていきます。

ここからがリーダーの正念場。成長した部下だけ目をかけて、成長しない部下をおいてけぼりにすると、チームはいずれバッドサイクルを回すようになります。気がつくと不燃人や消燃人が増え、チームはバラバラになっていくでしょう。

だから、リーダーは誰も仲間外れをつくらずに、みんなの関係をよくしなければならないのです。

アウトバックもスタッフが急速に成長していくと、新しく入ってくるスタッフは、みんなのモチベーションの高さや仕事にかける熱意に圧倒され、ついていけない人が出てきました。

リーダーの円花さんたちは「おいてけぼりをつくらない」というモットーを掲げて、指導をしても態度を改めないスタッフには「あなたがお客様に対して感動を与えようとしないのはアウトバックの理念とは違うから困るんだ」と率直に伝えたりしました。

一回伝えた後は、ひたすら待つ。あまり自分たちの理想を押し付けたら辞めてしまうので、周りの同年代のスタッフが楽しんで仕事をしている様子を見たら刺激を受けるだろうと待つことにしたそうです。

そんな円花さんたちの店に、「まったく笑わない男」のN君が入ってきました。

仕事にはまじめに取り組んでいるので、挨拶の声が小さくて笑顔がないぐらいなら、普通なら許容範囲でしょう。

それでも円花さんたちは諦めませんでした。みんなでN君のいいところはどこか、どうすればもっとよくなるのかを話し合い、それをN君にも伝えました。

「いつも何かしようと考えて行動している」「姿勢がいい」「いつも落ち着いている」「腹から声を出す！」「想いを込める！」「口を開く！」などなど、先輩スタッフが自分のことを真剣に考えてアドバイスしてくれるので、N君の中でわずかな変化が起きたようです。

強化月間の一環としてベストスマイルコンテストを開いたところ、N君が1票を獲得したのです。前回、挨拶・声がけのコンテストを開いたときは0票だったので、大きな進歩です。円花さんたちは自分のことのように喜び、N君も照れながらも嬉しそうだったと言います。

図5−0 **「置いてけぼり」をつくらない アウトバックの実践例**

アウトバックのように、自分たちでさらなる成長をするために走り続けるチームになれば、リーダーはもっと楽しくやりがいを感じます。

ゴディバジャパン社長のジェローム・シュシャン氏は日本の弓道を30年ぐらい続けていることで有名で、本も出版されています。

日本の弓道には、正射必中と言う言葉があります。これは「するべきことをすべて正しく行えば、矢は必ず的に当たる」という意味です。

この章ではリーダーが正射必中を続けるための心構えを中心にお話しします。

リーダーが部下と一緒に成長し続ければ、共に組織の未来をつくっていける最強のチームになるのは間違いありません。

そして、もしすぐに結果が出ないのだとしても、焦らずに。

前述したように、関係の質や思考の質が変わるまで時間がかかりますし、変化には痛みを伴います。それでもリーダーが諦めなかったら、チームのグッドサイクルは少しずつ回り出すでしょう。

1 グッドサイクルを回し続けるために必要なこと

私が多くの企業でコンサルティングをしてきた経験によると、いい会社の共通項は3つです。

1、理念があり、浸透活動をしている
2、円満な人間関係がある
3、尊敬できる上司がいる

うまくいっていない会社は、この3つの逆です。**理念がなく、人間関係が悪くて尊敬できる上司がいないと、みんなが辞めていきます。**

「うちの会社はこの3つがそろっていない」と思うなら、ここまでの章で紹介してきた法則をぜひ実践していただきたいと思います。この3つをすぐに実現できるようになります。

そして、この3つを継続するためには「報酬」が必要です。

私は、報酬には3つあると考えています。

・お金の報酬：給与やボーナスなどのお金。
・心の報酬：志や想いを共有した仲間と働けることの喜び、お客様に貢献できたときの充足感や達成感など、自分の心が豊かになる経験をすること。昇進や昇格などの実力が認められた成果も心の報酬に当たります。
・経験の報酬：今までできなかったことができるようになった。あるいは、一人ではできなかったことがチームで達成できたり、今の会社に属していることで経験できたことが報酬になります。

どの報酬も大事ですが、やはり心の報酬を与え続けることがグッドサイクルを回し続けていく原動力になります。

「アメリカ・セントラルフロリダ大学のソーン博士らの研究では、利他的な人は困っている人の感情や感覚を受け取って共感し、その人を助けることで脳の報酬系が活性化することを明らかにしています。

報酬系とは、簡単に言えば脳の中の快感に関わる分野で、心地よい刺激や行動があると活性化され、快感をもたらすドーパミンの分泌を増やします。

たとえば電車で席を譲ったとき、『ありがとうございます』など感謝されると気分がよくなりますが、それはこのため。つまり他者の気持ちに共感できると、人を助ける行為が快感となるのです」（東洋経済オンライン「身勝手な人の脳が『活性化しにくい』カラクリ」岩崎一郎より）。

目の前のお客様や同僚、上司が「ありがとう」と喜んでくれる。それが心の報酬となり、「もっと頑張ろう」と思えます。

お金もポストももらった瞬間は嬉しくても、すぐにその状態に飽きてしまいます。けれども、人から喜ばれる喜びは消えません。**その喜びの火を消えないように灯し続ければ、天井知らずで成長していく**はずです。

そうやってグッドサイクルは止まることなく回り続けます。

部下が際限なくモチベーションを持ち続けるには、**リーダーが自分の言葉で語り続けるのが一番です。**

「この間お客様がこんな風に喜んでくれてさ。嬉しいよね」「自分たちの心が成長するなんて、すごくいい仕事だよね」

このように、リーダーがポジティブな発言を日常的にしていれば、部下は「この仕事って楽しいんだな」とやる気スイッチが入ります。

考えてみてください。

「あそこのクライアントさあ、注文が多くてかったるいよね」「うちの会社のトップは、何もわかってないんだよ」と、いつも眉間にしわを寄せて不平不満だらけのリーダーが目の前にいたら、部下はどう感じるでしょうか?

きっと、「これが5年後か10年後の姿か」と感じて絶望します。会社に見切りをつけてさっさと辞めていくか、「給料をもらえればいいや」と30%ぐらいのチカラでしか仕事をしなくなるでしょう。

優秀な部下が集まったから、いいチームができるわけではありません。**どんなメンバーであっても、リーダーによっていいチームに変えていけます。**

だから、リーダーは照れくさくても、ポジティブな発言を積極的にしましょう。最初は、「わざとらしいな」と部下も感じるかもしれません。それでも、本気で伝えていたら、やがて心にその言葉が浸透していきます。

いいチームをつくるのは、リーダーの想いの深さとポジティブな言葉です。その言葉が心の報酬にもなるのです。

2 「深い傾聴」で人間関係が一気に改善

皆さんは、「コミュニケーションは聞き方が大切」「部下の話に耳を傾けよう」と、それこそ耳にタコができるぐらい、今までずっと聞かされてきたことでしょう。

研修で、「話を聞くときは相手の目を見ましょう」「相手におへそを向けましょう」「相づちを打ちましょう」といった傾聴の仕方を教わっているはずです。それに従って1on1ミーティングで部下の話を聞いても、イマイチ話が盛り上がらなかったり、部下が心を開いてくれない経験があるのではないでしょうか。

皆さん自身も相手が「なんか上の空だな」とか、「この人、話聞いてないな」と感じたことはあるはずです。

それは傾聴の仕方に問題があるのかもしれません。

私は、傾聴には相手への意識の向け方から3段階あると考えています。

レベル1、　形だけ傾聴

相手への意識は大体20%以下。

一応、傾聴しようという姿勢はあり、相手の目を見ておへそを向けて座って、相づちを打つなど、傾聴の基本を実践してはいます。けれども、**相手の話を聞きながら自分のことを考えている状態です。**

「30分でこれらの項目を全部聞かなくてはならない」のように、「話を聞く作業」に意識がいっていると、ながら聞きになりがちです。もしくは、忙しくて他の仕事に意識がいっていると、集中して話を聞けなくなります。

そういう場合、質問して相手が答えているときに「うん、なるほどね」と相槌を打っていても、それ以上話を掘り下げて聞こうとしないので、相手の話に興味を持っていないのがバレバレです。**部下も当たり障りのないことしか話そうとしないでしょう。**

レベル2、　浅い傾聴

相手への意識は40%から60%ぐらい。

相手に自分の意識が向いていても、時折次に返す言葉を考えたり、「この話、この間、他の誰かから聞いたな」のように別のところに意識が飛んでしまいます。

話はそれなりに弾みますし、部下との距離は縮まるので、このレベルでも悪くはありません。

ただ、しっかりと信頼関係を築くところまではいかないでしょう。

レベル3、深い傾聴

相手へ意識が80％以上向いている状態です。

私としては、リーダーは常に深い傾聴を心がけてほしいと思います。どんなに仕事が忙しくても、部下と向かい合うときは完全に他の作業をシャットダウンして、全身を巨大な耳にして聞くのが理想的です。

話を聞いているときは、すべてのアンテナを相手に向けて「全集中」します。

だから、「大丈夫です、問題ありません」と言っている部下の目が泳いでいたり、心ここにあらずの状態をすかさずキャッチして、「本当に問題ないのかな？　元気ないように見えるけど」と一歩踏み込んでいけます。

これができるようになると、相手の言葉だけではなく、目線や仕草、声のトーン、

図5－1　「深い傾聴」で相手が自分で考えて動き出すようになる

傾聴にも3つのレベルがある

レベル1　**形だけ傾聴**　（集中度 20% 以下）
- 相手は心を開いてくれない

レベル2　**浅い傾聴**　（集中度 40~60%）
- 信頼関係は今一つ

レベル3　**深い傾聴**　（集中度 80% 以上）
- 深い信頼関係で結ばれる

席を立って去り際の余韻など、いわゆるノンバーバル（非言語）なところから変化を感じ取れるようになります。プロのカウンセラーのようですが、レベルの高いリーダーなら、ここまでできます。

さらに高度なレベルになると、部下が挨拶のときに目を合わせる時間がいつもより短いなと思っただけで、「何かあったのかな？」と変化をくみ取れるようになるでしょう。

深い傾聴ができると、相手は安心感を抱いて深い信頼関係を築けるようになります。他に何もしなくても相手は自発的に動いてくれることもあるでしょう。

私も今まで、「加藤さんにあんなに親身になって話を聞いてもらったら、もうやるしかないですよね」と、話を聞いた相手が行動に移した例は数えきれません。

私は話に耳を傾けるだけで、とくにアドバイスをしていないにもかかわらず、相手が自分で何をすべきなのかを考えて動き出すのです。

皆さんの部下がそのレベルになっていないのなら、自分が浅い傾聴で止まっているのかもしれません。ぜひ全集中して耳を傾けてください。

実際にやってみるとわかりますが、相手の話に全集中すると、10分間聞いているだけでも神経が消耗します。終わったらグッタリするでしょう。

ちなみに、相手への意識を100%向けるのはムリだと思います。

私は以前、禅寺で座禅を組む体験をしたことがあります。

終わった後に、禅僧に「無になれず、いろいろ考えてしまいました」と打ち明けたら、「いや、無になることはできませんよ」とあっさりと言われました。修行を積んだ禅僧であっても雑念が浮かぶのは止められないようです。

ですので、「次にこれを聞こう」と思いつくのは自然な行為です。

ただ、そこから「これを聞いたら、相手はこう返すかな」「そうなったら、今度はこの話をして……」のように、思いついた質問や連想したことを追いかけたら、傾聴が浅くなってしまいます。

だから、思い浮かんでも、追いかけないことが大切です。すぐに目の前の話に意識を戻したら、全集中を続けられます。

3 リーダーは「人間力が10割」

「話し方が9割」のように9割本はベストセラーの定番ですが、リーダーの人間力に関してては9割では足りません。10割、つまり人間力ですべてが決まるのだと断言できます。

帝王学（詳細は265ページ以降参照）には、リーダーが備えるべき5つの能力があります。それは「仁義礼智信」です。

・仁：愛情、思いやりや優しさを持つこと。
・義：約束を守る、裏切らない。筋を通すこと。ウソをつかないこと。
・礼：仁を体現するために言葉遣いや身だしなみに気をつけたり、長幼の序をわきまえるなど、礼節や礼儀を守ること。
・智：知識、知恵、分別を持つこと。人生の本質を知ること。常に学び続けなくてはならない。

・信：信用、信頼。仁義礼智が備わることで高まっていく。

これらを五徳本能としてお伝えしています。

27ページでも述べたように、私はリーダーとは「周囲に良い影響を与えて変革に導く人」と定義づけています。今、リーダーは「管理職」から「支援職」に変わりつつあります。

チームのメンバーの動機づけをしてパフォーマンスを高めるのがリーダーの役割です。仁義礼智信を兼ね備えた魅力的なリーダーであれば、チームのメンバーは「リーダーについていきたい」となります。チームはより一体化しますし、誰かが失敗しても「お互い様、お陰様」で支え合いと助け合いができるでしょう。

そういうチームであればグッドサイクルもぐるぐる回り続けます。

私は、企業の幹部候補生のリーダー教育の場で、「スペックで人と付き合うな」と話しています。

学歴や社名、会社での肩書、スキルや技術、資格などのスペックで相手を判断して付き合っていたら、相手からもスペックだけで見られます。よく定年退職した後は仕事で付き合いのあった人との交流がなくなったという話を聞きますが、それはお互いにスペックで付き合っていたから、肩書がなくなると縁が切れてしまうのです。スペックは陳腐化するし、風化していきます。だから人間力でつながりを持つべきです。

人脈をつくりに異業種交流会に行くのもいいですが、自分のスペックしかアピールしないと、それほどいい出会いはできないでしょう。

仕事のどんなところに喜びややりがいを感じるのか。不安や恐れを抱くのか。なぜこの商品が好きなのか。どういう世の中にしたいのか。そういった仕事に対する姿勢や人生に対する姿勢そのものを開示すると、きっと自分に共鳴する人と出会えます。そのような人間的魅力を持つには、やはり仁義礼智信を高めていく必要があります。

私は、帝王学は流行《はや》り廃《すた》りのリーダー論ではなく、日本の風土、そして日本の国民性にも合ったリーダーの在り方だと思います。

日本もバブル崩壊後に西洋的なリーダー論を取り入れるようになりましたが、その結果が30年間も経済成長しない日本です。

そろそろ、日本は欧米の後追いをするのではなく、自分たちのリーダー論を確立するべきではないでしょうか。帝王学は世界のリーダーシップ論に肩を並べるぐらいのリーダーとしての本質を説いている教えです。

西洋的なリーダーは合理性や効率を追い求め、スピードや短期間で成果を出すことをよしとしてきました。

けれども、**「こうすればこうなる」的な合理的で論理的な考えだけでは人は動きません**し、**人は変わりません**。人はロボットではないので感情で動くものです。

「これだけしてあげてるんだから変わってくれるだろう」と思っても、人は自分の想い通りに動いてはくれません。

私は息子を叱るときに「これはお前のためだよ」と言っていましたが、あるとき、息子から「その『お前のため』って言われるのが嫌だ」と言われました。

確かに、息子に変わってほしいと思っているのは自分なので、自分のために叱っているようなものです。その大人の本音を相手は見抜きます。

同じように、部下に「あなたのためだよ」と叱っても、部下は恩着せがましさを感じて、かえって心に壁をつくります。

相手に自分の話を100%理解してもらえないかもしれません。それでも本気で伝えていることがわかれば、いつか変わる日が来るだろうと信じて待つしかないでしょう。

そもそも、人生は9割が思い通りにならないものです。

「思い通りにしたい」とみんな思いますが、そんな人生はつまらないでしょう。**思い通りにならないからこそ、何とかしようと日々チャレンジをする。**そのプロセスにこそ意義があり、その結果が成功であっても失敗であっても、たいしたことではないと思います。私もいまだに失敗だらけの日々を送っています。

それでも、努力の結果が少しでも得られるのなら、それは大きな喜びになります。

そのためにも、自分の在り方を変えてみませんか?

本書で紹介した法則や方法の数々を実践すれば、明日からでも自分の在り方を変えられます。

今、壁にぶち当たったり、迷路に迷い込んでいる方も、自分の在り方さえ変えれば光り輝く未来に歩んでいけるのだと、私は強く信じています。

4 リーダーは「無敵の帝王」を目指そう

私は、リーダーは帝王であるべきだと思います。

帝王と言っても、民の上に君臨し、支配するような存在のことではありません。

小池康仁先生は独自の帝王学を経営に生かすアドバイザーとして活躍されています。

帝王学では、リーダーを「他者へ気配り、心配りする存在」と定義づけています。

つまり、リーダーは誰よりも周りの人に心配りができるようにならないといけないということです。周りの人に気を遣ってもらうようなリーダーは真のリーダーとは言えません。

リーダーが心配りをすべきなのは、「無敵」になるためです。

無敵は「敵が無い」と書きます。自分が誰よりも強くて打ち負かせるのが無敵ではなく、相手から反発や反感、敵意すらも抱かせないようになると敵がいなくなります。

そのために心配りが不可欠なのです。

帝王学では「恐れさせる（怖がられる）リーダー」ではなく、「相手に惚れさせるリーダー」を目指します。嫌な相手や苦手な相手であっても、マウントを取って打ち負かすのではなく、相手に惚れてもらえれば最強です。

武力や権謀をもって支配・統治することを「覇道」と言いますが、帝王が進むべきは王道です。

覇道は自分が覇権を握りたいというエゴや権力意識の中で進む道です。一緒に歩んでくれる部下もいるでしょう。しかし、その部下は自分を信頼してついてきてくれているのでしょうか？　おそらく、自分の権力がなくなったとたんに離れていきます。

王道はみんなで活かしあいながら進んでいく道です。

私が好きな「民のかまど」という仁徳天皇のエピソードがあります。

仁徳天皇が夕方、高台に登ってあたりを見渡すと、夕飯時にもかかわらず人々の家からまったく煙が上がっていないことに気づきました。この光景を見て、「民のかまどより煙がたちのぼらないのは、ご飯を作れないほど貧しいからではないか」と考え、3年間の税を免除する決定を下したのです。

その結果、また煙が見えるようになったので、「高き屋にのぼりて見れば煙立つ　民のかまどは賑わいにけり」と歌を詠んだそうです（諸説あり）。

仁徳天皇は3年間、税金の収入がなかったので、服もボロボロ、皇居の屋根から雨漏りがするようになっても修理しなかったと言います。それでも、「民こそ宝だ。民が豊かになれば私は満足だ」と、さらに3年間無税を続けました。

仁徳天皇のあまりの窮状ぶりに、見るに見かねた民から「税を納めさせてください」と言われたという話です。

まさに王道の帝王です。**自分よりも民を思い、搾取よりも国民が安心して暮らせるようになる政策を常に考えていたのでしょう。**

どんなリーダーでも一人でできることには限りがあります。

自分一人では1馬力でも、10人いたら10馬力です。みんなの力を借りて一人ではできない大きな仕事を回すためにも、リーダーは自分よりも部下のことを優先して考えましょう。

「部下こそ宝だ。部下に物心ともに豊かになってほしい」と言えるようになれば、無敵の帝王になれます。

実は私も人に改善のフィードバックを伝えるのはとても苦手です。

「こんな厳しいことを言って、相手から嫌われたらどうしよう」と内心ビクビクしています。加えて、誰からも「いい人」だと思われたい八方美人な面もあります。

そんな自分の性格は変えられませんが、それでも**改善のフィードバックを伝えないと相手の成長につながらないのだと意を決して**フィードバックしています。

この原稿を執筆している最中にＷＢＣで日本代表チームが優勝しました。

メジャーリーグで大活躍している大谷翔平選手やダルビッシュ有選手が集結し、豪華な布陣になりましたが、２人とも「栗山監督に声をかけられたから参加を決めた」と話しています。

栗山英樹監督は、自身が選手だったときはメニエール病の症状に悩み、目覚ましい成績を残せずに引退しました。しかし、監督としての手腕は素晴らしく、高校卒業後はメジャーに行こうとしていた大谷選手を「二刀流で育てたい」と説得し、一流選手に育て上げたのは有名な逸話です。

大谷選手は、「本当に一人ひとりの選手と対話する監督だと思う」、ダルビッシュ選手は「栗山監督は基本的に人を傷つけたり、恥を晒すようなことは言わない。そこってすごく難しくて、そういう方は日本の指導者にはなかなかいない」と語っています。

栗山監督自身は、「自分を尊敬しろ」などと一言も言っていないでしょう。それにもかかわらず、ここまで信頼され、選手の心をつかんでいる。まさに惚れさせるリーダー、帝王です。

たとえ大谷選手やダルビッシュ選手のような才能がなくても、**私たちは惚れさせるリーダーになれます。**

そのためにも、**相手の可能性を信じ抜きましょう。**それも、一点の曇りもなく。

その情熱が相手に伝われば、相手は成長の第一歩を歩み始めます。

参考文献

■第 1 章

● 37 ページ～　＜成功循環モデル＞

◎ダニエル・キム「WHAT IS YOUR ORGANIZATION'S CORE THEORY OF SUCCESS?」◎「Ceelo_2018_Online-readings」◎株式会社中尾マネジメント研究所「G-POP style Group Coaching」◎株式会社ヒューマンバリュー　兼清俊光「成功循環モデルの実現を目指し共創する組織をつくる」（フィットネスビジネス NO.118）◎的場正晃「『成功循環モデル』とは？　注目を集める背景や成功のポイントを解説」（PHP 人材開発）

● 69 ページ　＜稲盛和夫氏発言＞

◎「究極の飲み会が、最強の組織を作った」（日本経済新聞 2016 年 1 月 3 日）

■第 2 章

● 93 ページ　＜ザイアンスの法則＞

◎「商談の『勝率』を上げる心理学とは？―『チャルディーニの法則』と『ザイアンスの法則』」（リクナビ NEXT ジャーナル 2016 年 11 月 1 日）

● 115 ページ　＜「ポジティブエンド」の法則＞

◎ヴィランティ牧野祝子『エグゼクティブコーチが教える 人、組織が劇的に変わる ポジティブフィードバック』（あさ出版）

● 116 ページ　＜ピーク・エンドの法則＞

◎「ピーク・エンドの法則」（一般社団法人日本経営心理士協会）◎佐藤舜「ピーク・エンドの法則とは？　活用する 3 つの方法」（STUDY HACKER）

● 121 ページ～　＜DiSC 理論＞

◎鈴木義幸『図解 コーチング流タイプ分けを知ってアプローチするとうまくいく』（ディスカヴァー・トゥエンティワン）◎『DiSC 理論とは？ 分析方法とタイプ別の適切な褒め方・叱り方』（三菱電機 IT ソリューションズ株式会社）

■第 3 章

● 163 ページ～　＜Will Skill マトリクス＞

◎イントランス HRM ソリューションズ　竹村 孝宏「『部下をどう育てたらよいか』という悩み」（日経クロステック）◎「WILL SKILL マトリクスを使って部下と自分をマネジメントしよう」（マーキャリ）◎関口 朗子「部下育成に悩んだら！育成を成功させるポイント、失敗する 4 つの原因を解説」（リクルートエージェント）

● 170 ページ　＜陰陽五行論＞

◎小池康仁『「自分」の生き方 運命を変える東洋哲理 2500 年の教え』（ダイヤモンド社）

■第 4 章

● 199 ページ～　＜経験学習モデル＞

◎「経験学習 経験学習モデルや経験学習のための具体的手法などについて解説」（JMAM　2023-02-17）◎永田正樹「『経験学習」とは何か？ 新入社員が“仕事上の直接経験”で成長する方法』（ダイヤモンドオンライン）◎「コルブの経験学習モデルとは？　4 つのステップの内容と留意点・社内導入の具体的方法」（SMBC ビジネスクラブ InfoLounge）◎中原淳「経験学習の理論的系譜と研究動向」（日本労働研究雑誌）◎「経験学習モデルとは」（株式会社レビックグローバル）

【読者限定】無料プレゼント中！

3つのスペシャル特典

特典 1：『30万円以上の高額講座から 10本の厳選動画をプレゼント！』

特典 2：『著者が語る！リーダー秘話が満載の オリジナル音声コンテンツ』

特典 3：『効果抜群！ 3ステップで部下と よい関係を築くGPAの法則大公開！』

このたびは本書を手にとっていただき、誠にありがとうございます。
読者特典として、書籍では伝えきれなかった裏話やフレームワークを限定公開中!
下記、QR コードまたは専用 URL よりお受け取りください。

読者特典

https://five-vai.com/hr/presents

・特典配布は予告なく終了することがございます。お早めにダウンロードください。
・動画、音声、PDF はインターネット上のみでの配信になることをご了承ください。

【著者紹介】

加藤　芳久（かとう・よしひさ）

◉――リーダー育成と組織変革を得意とする経営コンサルタント。「理念型育成®」を日本で初めて開発・体系化した人財育成の専門家。情報経営イノベーション専門職大学客員教授。

◉――大学卒業後、大手旅行会社、コンサルティング会社を経て、2016年に株式会社加藤経営を設立。資金も人脈も無いゼロからの起業だったが口コミで評判が広がり、上場企業、官公庁からのオファーが殺到する。これまで200社以上に対して人財育成の体系化・組織風土変革を支援してきた。顧客企業は、日本ハム、三井ホームなどの大手企業を中心に、米国発祥のステーキハウス・アウトバックから化学メーカーまで多岐にわたる。最高で半日200万円という高額フィーながらコンサル依頼が絶えない。日本最大級の洋上研修への参画をはじめ、台湾、シンガポールなど海外にも活躍の場を広げている。

◉――2013年からは私塾にて東洋思想と帝王学を学び、人生の本質は何かを探究してきた。「100年後に生まれてくる子供達に誇れる国を遺す」という理念のもと、社員同士の絆を強め離職率を劇的に下げながら業績を伸ばすコンサルティングに定評がある。

◉――2022年には、株式会社ファイブベイ（FiveVai）設立、取締役副社長兼CHO（チーフハピネスオフィサー）に就任。著書に『お客さまの９割をリピーターにする33のしくみ』（KADOKAWA）がある。千葉県千葉市生まれ。

売上《うりあげ》を追《お》わずに結果《けっか》を出《だ》すリーダーが見《み》つけた20の法則《ほうそく》

2023年 6月 19日　　第 1 刷発行

著　者――加藤　芳久

発行者――齊藤　龍男

発行所――株式会社かんき出版

東京都千代田区麹町4-1-4 西脇ビル　〒102-0083

電話　営業部：03(3262)8011㈹　編集部：03(3262)8012㈹

FAX　03(3234)4421　　振替　00100-2-62304

https://kanki-pub.co.jp/

印刷所――ベクトル印刷株式会社

　ISBN978-4-7612-7678-2 C0034